Keine Panik Papa, du schaffst das!

Ein unentbehrlicher Ratgeber
für Väter und solche
die es werden wollen.

DAVID HOFER

Inhaltsverzeichnis

Die Schwangerschaft 9
   Das 1. Trimester (1.-12. Schwangerschaftswoche) 10
   Das 2. Trimester (13. - 28. Schwangerschaftswoche) 14
   Das 3. Trimester (29. – 40. Schwangerschaftswoche) 18

Freizeit adieu – Baby ahoi 23
   Die ersten Stunden mit dem neuen Erdenbürger 23
   Was erwartet dich als Neu-Vater? 25
   Endlich zu Hause 27
   Wie ändert sich das Leben als Liebespaar? 28

Worauf gilt es im Umgang mit meinem Baby zu achten? 31
   Hochheben und Tragen eines Säuglings 32
   Wie wechsle ich die Windeln meines Kindes? 37
   Die gesunde Ernährung deines Kindes 42
   Säuglinge mit der Flasche füttern 47
   Nicht zu warm und nicht zu kalt - die richtige Kleidung 51
   Wie viel Hygiene braucht mein Baby? 53
   Schlaf, Kindlein schlaf – Schlafenszeiten und Routine 55
   Seltene Katastrophe – der plötzliche Kindstod (SIDS) 57

Die Entwicklung des Kindes in den ersten 3 Lebensjahren 60
   Die Entwicklung des Babys in den ersten 3 Monaten 61
   Die Entwicklung des Babys vom 4. bis zum 6. Monat 66
   Die Entwicklung des Babys vom 7. bis zum 9. Monat 71
   Die Entwicklung des Babys vom 10. bis zum 12. Monat 77
   Das Kind im 2. Lebensjahr 81
   Das Kind im 3. Lebensjahr 87

Die Rolle des Vaters 92
   Die Rolle des Vaters im Lauf der Geschichte 93

Mythen und Klischees rund ums Vatersein 109
   1. Klischee: Das Vatersein macht mich zum Waschlappen und Pantoffelhelden 110
   2. Klischee: Väter sind schlechtere Erzieher als Mütter 112
   3. Klischee: Wir werden kaum noch Sex haben 114
   4. Klischee: Alles dreht sich nur noch ums Baby 117
   5. Klischee: Durch ein Baby verliere ich meine Unabhängigkeit 119

Die Erziehung des Kindes 122
   Wann beginnt die Erziehung? 122
   Erziehungsstile 124
   Welcher Erziehungsstil ist der Richtige für mich? 136

Nur keine Panik – nützliche Tipps und Tricks für Väter 139
   Was gehört in die Tasche fürs Krankenhaus? 139
   Was gehört in die Wickeltasche? 142
   Was gehört in die Baby-Hausapotheke? 143
   Tipps zur Fütterung mit der Flasche 145
   Können Babys auch vegetarisch oder sogar vegan ernährt werden? 146
   Warum darf ich meinem Baby im ersten Jahr keinen Honig geben? 147
   Was tun, wenn das Baby nicht aufhört zu schreien? 148
   Bauchweh, Blähungen etc: Hilfe bei Verdauungsstörungen 150
   Hilfe beim Zahnen 152
   Töpfchen-Training – ja oder nein? 153
   Wie wird die Wohnung kindersicher? 154
   Warum liebt mein Kind die Mama mehr als mich? 156

Von der Wiege bis zur Bahre – Formulare, Formulare! 158

Kindergeld beantragen 158

Elternzeit beantragen 160

Elterngeld und Elterngeld Plus... 163

Basiselterngeld oder Elterngeld Plus?.. 165

Nachwort – ein Plädoyer für Kinder...167

Vorwort

"Schatz, kannst du mal bitte kommen". Dieser harmlose Satz kann einfach nur bedeuten, dass sie dich bitten möchte, den Müll raus Zutragen oder ihr den Reißverschluss am Kleid zuzumachen. Es kann allerdings auch sein, dass diese wenigen Worte die letzten sind, die du vernimmst, bevor ein völlig neuer Lebensabschnitt für dich beginnt. Wenn du nämlich dem Wunsch deiner Liebsten nachkommst, sie dir jetzt einen Schwangerschaftstest mit zwei deutlich sichtbaren blauen Streifen oder – moderner – einem digitalen Display unter die Nase hält und freudestrahlend verkündet „Wir sind schwanger", dann wird dir in diesem Moment klar, dass von heute ab vieles nicht mehr sein wird wie vorher. Bist du bis jetzt täglich brav deiner geregelten Arbeit nachgegangen, hast dich nach Feierabend auch gern mal gemütlich mit deinen Freunden auf ein Bier getroffen und am Wochenende einen draufgemacht? Seid ihr als Liebespaar öfters alleine weggefahren, um euch die Welt anzuschauen? Für eine Zeit lang wird dein gewohntes Leben in den Hintergrund treten, denn jetzt gibt es erst mal Wichtigeres zu tun!

Deine Partnerin und das werdende Kind brauchen viel Zeit und Zuwendung. Keine Angst, das Leben geht trotzdem weiter. Nur etwas anders und in den meisten Fällen viel besser! Noch etwas wird offensichtlich: Von jetzt ab sind du, deine Partnerin und dein werdender Nachwuchs bis zum Lebensende eng miteinander verbandelt. Ob du dich darüber nun freust, oder ob du mit Selbstzweifeln und Unsicherheit an die Sache herangehst, die Reaktionen auf die Neuigkeit einer Schwangerschaft sind so unterschiedlich, wie es verschiedene Männer gibt. Für manche ist es die freudige Erfüllung eines lang gehegten Traumes, für andere kommt es völlig überraschend und kann zu einem Schwall widerstrebender Emotionen führen. So manch einer denkt vielleicht daran, sich ans andere Ende der Welt abzusetzen! In den allermeisten Fällen ist es ein bunter Mix von Gefühlen, die über einen Mann hereinbrechen, die zudem noch täglich wechseln. Freude, Stolz und Fürsorglichkeit tanzen einen ständigen Tango mit der Besorgnis um die finanzielle und berufliche Zukunft und der Unwiderruflichkeit der Tatsache, dass die Dinge ab jetzt unkontrollierbar ihren Lauf nehmen. Das Beruhigende daran ist, dass es allen anderen Männern genauso geht.

Wie deine Reaktion auch ausfallen mag, als werdender Vater stürzen plötzlich viele Fragen auf dich ein. Was passiert eigentlich in der Schwangerschaft? Warum wird deine Angebetete plötzlich zur Zicke und warum ist sie so vergesslich? Können wir als Paar während der Schwangerschaft immer noch ein Sex-Leben haben? Um es gleich vorwegzunehmen: Ja, ihr könnt! Warum werde ich selbst auch plötzlich dicker und bin so erschöpft? Diese Fragen werden hier alle beantwortet. Wir bereiten dich auf das umwerfende Wunder der Geburt vor, ebenso auf die ersten Lebenstage und –Wochen, wenn dein kleiner Schreihals hoffentlich wohlbehalten zu Hause angekommen ist. Du erhältst jede Menge praktische Tipps, die dir dabei helfen, die Schwangerschaft und die Zeit danach wie ein Profi-Vater zu meistern. Die Wachstumsschritte, die dein Nachwuchs in den ersten drei Lebensjahren durchläuft und welchen Einfluss du als Vater auf die gesunde Entwicklung deines Kindes haben kannst, das alles wird hier erklärt. Du wirst sehen, dass es kein Hexenwerk ist, ein guter Papa zu sein. Hier bekommst du das Wissen, das du brauchst, um aus deinem wilden Rabauken einen liebenswerten, erfolgreichen und verantwortungsvollen Erdenbürger zu machen. Zu guter Letzt beschäftigen wir uns auch mit den eher spröden Details wie Elterngeld, Elternzeit und anderen bürokratischen Hürden, die es zu überwinden gilt, die aber letztendlich euer Dasein als Neu-Eltern erleichtern.

Das Hauptanliegen dieses Ratgebers ist, dich darin zu bestärken, dich auf das wahrscheinlich wunderbarste Ereignis deines Lebens einzulassen. Das kleine, schutzbedürftige Wesen in den Armen halten zu können, die sich entwickelnde Liebe zu spüren und das Kind dann auf seinem Lebensweg zu begleiten, sind großartige Erfahrungen im Leben eines Mannes. Auch wenn mit der Neuigkeit der anstehenden Schwangerschaft vieles in deinem Alltag über den Haufen geworfen wird: Deine neue Realität wird dir unzählige Erlebnisse und Erfahrungen vermitteln, an denen du als Mensch wachsen kannst. Das und die bedingungslose Liebe deines Kindes ist der Lohn für durchwachte Nächte, lautes Geschrei und volle Windeln!

Die Schwangerschaft

Es ist also passiert, geplant oder nicht, deine Partnerin ist „in anderen Umständen". Wahrscheinlich hat man die Schwangerschaft früher so bezeichnet, weil von jetzt ab das ganze Leben etwas umständlich wird! Die Frau durchläuft in dieser Zeit einen radikalen Umbau ihres Körpers, der ganz auf das Ziel ausgerichtet ist, dem werdenden Kind ein sicheres Zu Hause während seiner Entwicklung zu bieten. Diese Veränderungen sind zum Teil sichtbar, zum anderen zeigen sie sich vor allem in veränderten Verhaltensweisen deiner Liebsten. Der Hormonschub, der nötig ist, um dem Fötus ein geeignetes Heim zu bieten, wirft den Gefühlshaushalt der werdenden Mutter völlig über den Haufen. Wenn du also in den kommenden Monaten nicht nur mit dem sonst gewohnten Liebreiz überschüttet wirst, sondern dir auch mal Kissen oder andere Gegenstände um die Ohren fliegt, dann hilft ein besonders großes Maß an Verständnis und Geduld. Sie ist in dieser Zeit nicht sie selbst, sondern eher ein wandelnder Hormonkochtopf!

Die Entstehung des neuen Lebens ist eines der großen Wunder der Natur. Um ein besseres Verständnis für das ungewohnte Verhalten deiner Frau zu haben, hilft es, sich die Vorgänge bei der Heranbildung deines Kindes etwas genauer anzusehen. Die Schwangerschaft wird in 3 Teilabschnitte, Trimester genannt, unterteilt. In jedem der 3 Entwicklungsstadien laufen eine Unzahl verschiedener Wachstumsvorgänge ab. Als Mann kannst du nur staunend danebenstehen und deine Herzdame in diesem Zeitraum so gut wie möglich unterstützen. Gemeinsam solltet ihr dabei auch die vielen schönen

Seiten der Schwangerschaft genießen, ihr werdet eine intensive und unvergessliche Zeit erleben, die euch als Paar noch mehr zusammenschweißen kann.

Das 1. Trimester (1.-12. Schwangerschaftswoche)

Dein Beitrag zur Befruchtung ist geleistet, dein Spermien Trupp eilt durch die Gebärmutter in den Eileiter. Dort beginnt die fieberhafte Suche nach der Eizelle, denn nur das fitteste und schnellste Spermium bekommt die Chance auf Vereinigung. Nach der erfolgten Befruchtung nimmt die Entwicklung des Embryos rapide ihren Lauf und der weibliche Körper läuft auf Hochtouren, um alle Wachstumsprozesse und hormonellen Vorgänge zu regeln. Wenn auch äußerlich noch nicht wahrnehmbar, so kommt es in dieser Zeit zu hochkomplexen Abläufen, die nicht spurlos an deiner Liebsten vorbeigehen können. Der Mutterkuchen zur Versorgung des Babys muss angelegt werden, der Stoffwechsel der werdenden Mutter erhöht sich dadurch um 20 %. Auch das Blutvolumen nimmt in dieser Zeit um 20 – 30 % zu. In dieser frühen Phase der Schwangerschaft werden schon alle Extremitäten wie Beine, Arme und Kopf des zukünftigen Kindes angelegt, die Organe bilden sich und das Gehirn mit all seinen Nervenzellen wird vernetzt. Unglaublich, aber bereits 3 Wochen nach der Befruchtung beginnt das Herz des Embryos zu schlagen. Zum Ende des 1. Trimesters sind alle wichtigen Organe und Extremitäten des Babys angelegt und deutlich sichtbar. Der Fötus ist nun ungefähr 7 Zentimeter lang und wiegt etwa 20 Gramm. Ist bis dahin alles gut gegangen, steht die erste große Vorsorgeuntersuchung an. Das ist für die werdenden Eltern ein aufregender Moment, denn zum einen wird jetzt festgestellt, ob mit dem Baby alles in Ordnung ist, zum anderen gibt es heute auch die ersten Ultraschall-Bilder zu sehen. Für viele Männer ist dies der Augenblick, wo sie eine richtige Verbundenheit mit ihrem Nachwuchs spüren. Vorher war dieses Wesen im Bauch der Mutter oft noch eine eher abstrakte Vorstellung. Jetzt ist aber ein schneller Herzschlag zu sehen und ein kleiner Körper, der sich bewegt und schon mit allem ausgestattet ist, was ein Mensch braucht. Hier werden auch harte Kerle weich und es ist ein ganz besonderer Moment in der Beziehung zu deiner Liebsten. Nach der ganzen Aufregung und den Unsicherheiten der ersten Schwangerschaftswochen solltest du diesen Augenblick in vollen Zügen genießen! Jetzt ist auch endlich der Zeitpunkt gekommen, wo die meisten Paare ihrer Umgebung die freudige Neuigkeit mitteilen, dass Nachwuchs unterwegs ist. Denn Probleme mit der Schwangerschaft tauchen vermehrt im ersten Drittel auf, die Gefahr einer Fehlgeburt ist mit dem Abschluss des 1. Trimesters wesentlich verringert.

Risiken im 1. Trimester

Nicht in allen Fällen entwickelt sich aus der Verbindung aus Spermium und Eizelle ein lebensfähiges Kind und die Gefahr einer Fehlgeburt ist in der Frühschwangerschaft am höchsten. Etwa 11-15 % aller Schwangerschaften nehmen in dieser Phase ein abruptes Ende. Dies kann aus unterschiedlichen Gründen passieren. Zu den häufigsten Auslösern einer Fehlgeburt gehören genetische Defekte, Infektionen, hormonelle Störungen und Fehlbildungen der Plazenta oder der Gebärmutter. Auch Blutgruppenunverträglichkeiten können zu Schwierigkeiten führen. Wächst der Embryo nicht normal, wird die Entwicklung vom weiblichen Körper nach dem Alles-oder-Nichts Prinzip abgebrochen. Alkohol, Drogen und Rauchen gehören zu den großen Risikofaktoren in dieser Zeit. Die Aufnahme gesundheitsgefährdender Stoffe kann die Gefahr einer Fehlgeburt deutlich erhöhen.

Die Rolle des Mannes im 1. Trimester

Welche Aufgaben hast du in dieser Zeit? Oft befindet sich der zukünftige Vater am Beginn der Schwangerschaft in einer unwirklich wirkenden Phase. Äußerlich hat sich bis jetzt wenig verändert, aber gleichzeitig sind große Entwicklungen im Gang. Du weißt, dass im Bauch deiner Auserwählten ein neues Leben heranwächst, kannst aber am Anfang noch keinen richtigen Bezug zu diesem Kind herstellen. Deine Partnerin hängt oft über der Kloschüssel oder schläft todmüde auf der Couch ein. Sie ist völlig erschöpft von allem, was in ihrem Inneren vorgeht. Du bist in dieser Zeit verständlicherweise sehr mit deiner eigenen Gefühlswelt und der sich ändernden Lebenssituation beschäftigt. Trotzdem kannst du in dieser Phase eure Beziehung langfristig vertiefen, wenn du deine Gemahlin so gut wie möglich unterstützt. Durch die hormonelle Umstellung fährt der Frauenkörper Achterbahn. Extreme Stimmungsschwankungen können die Folge sein und du bist naturgemäß derjenige, der sie als Erster abbekommt. Das gilt für die Momente ihres höchsten Glücks ebenso wie für plötzliche Miese-Laune-Anfälle und Panik-Attacken. Da hilft nur mitfreuen und mitleiden! Für werdende Mutter ist es in dieser Zeit wichtig, dass sie auf dich zählen kann und ihr die Schwangerschaft gemeinsam meistert. Gar nicht so einfach, wenn du dich unsicher fühlst und bis jetzt hauptsächlich nur nach dir selbst schauen musstest! Kein Wunder geben viele Männer an, dass sie mit dem Beginn der Schwangerschaft den endgültigen Schritt ins Erwachsenwerden getan hätten. Denn plötzlich taucht unvermittelt ein Begriff am Horizont auf, vor dem wir uns bis jetzt sauber zu drücken wussten: Verantwortung! Aber keine Panik, denn wenn du dich darauf einlässt, winken dir nicht nur ein neues positives Selbstbild, sondern auch die verstärkte Liebe und Bewunderung deiner Liebsten.

Praktisch heißt das zum Beispiel: Alkohol, Zigaretten oder gar Drogen sind in dieser Zeit tabu. Du kannst deine Partnerin unterstützen, auf schädliche Stoffe zu verzichten, indem du einfach mitmachst: Gemeinsam hört es sich leichter auf. Redet viel miteinander, über eure Bedenken und Hoffnungen und die veränderten Lebensumstände. In die Phase der Frühschwangerschaft fallen auch die berühmt-berüchtigten Heißhunger-Anfälle. Braucht deine «Julia» um 11 Uhr nachts plötzlich unbedingt Trauben-Nussschokolade oder einen Rollmops, dann bleibt dir wohl nichts anderes übrig, als dich in der Dunkelheit auf den Weg zur Tankstelle zu machen, um das Gewünschte zu besorgen. Nimm sie in den Arm, wenn es ihr schlecht geht, aber nimm es ihr nicht allzu krumm, sollte sie dich ungeduldig wegschubsen. Versorge sie mit Tee, Taschentüchern und Streicheleinheiten. Geduld und Verständnis sind in dieser Zeit besonders wichtig, den Dank dafür erhältst du zu einem späteren Zeitpunkt! Eine Studie mit unverheirateten Vätern hat herausgefunden, dass Familienbande auf lange Sicht enger geknüpft werden, wenn sich der werdende Vater aktiv an der Schwangerschaft beteiligt und seiner Partnerin hilfreich unter die Arme greift.

Ein anderes Phänomen in dieser Zeit ist die berühmt-berüchtigte Schwangerschaftsdemenz. Deine Liebste ist so mit ihren inneren Vorgängen und dem körperlichen Umbau beschäftigt, dass sie alles um sich vergisst. Hausschlüssel weg? Arzt-Termin verbaselt? Das passiert jetzt häufig und kann dich als Mann an den Rand des Wahnsinns treiben. In diesem Fall hilft nur Nachsicht: Sie kann nichts dafür und es ist zum Glück ein vorübergehender Zustand.

Aber auch an dir geht die Schwangerschaft vielleicht nicht spurlos vorbei: Bei vielen Männern zeigen sich plötzlich ähnliche Symptome wie bei der Frau. Hungerattacken, Gewichtszunahme, Stimmungsschwankungen und Abgeschlagenheit können sich auch beim werdenden Vater einstellen. In diesem Fall spricht man vom Couvade-Syndrom, der Mann ist sozusagen "mit-schwanger"! Es wird vermutet, dass der Körper der Frau Sexuallockstoffe aussendet, die den Hormonhaushalt des Mannes aus der Bahn werfen, wodurch es zu den erwähnten Symptomen kommt. Das ist aber nicht weiter bedenklich und vielleicht bringt das geteilte Leid euch sogar noch näher zusammen. Du kannst zumindest besser nachfühlen, was deine Liebste jetzt durchmacht.

Das 2. Trimester (13. bis 28. Schwangerschaftswoche)

Nach der Aufregung der vergangenen Wochen kannst du erst mal durchatmen: Das zweite Drittel wird auch gern als „die ruhige Phase" bezeichnet. Viele Paare empfinden diese Zeit als den schönsten Abschnitt der

Schwangerschaft. Viele der Unbefindlichkeiten der Anfangsphase haben nun nachgelassen, die große Unsicherheit über den Bestand der Schwangerschaft ist vorüber und die werdende Mutter ist noch nicht wesentlich in ihrer Bewegungsfähigkeit eingeschränkt. Alle inneren Organe des Babys sind zum Ende des 1. Trimesters angelegt, es folgt eine Phase des Wachstums und der Reifung. Im zweiten Drittel wächst der Fötus rasant. Zum Ende der 28. Schwangerschaftswoche beträgt die durchschnittliche Größe 37 cm und das mittlere Gewicht 1.100 g. Das Ungeborene macht sich nun auch erstmals im Mutterbauch bemerkbar. Ab der 18. - 20. Woche sind die ersten Bewegungen als leichtes inneres Flirren wahrnehmbar. Die kräftigen Beinstöße, die auch von außen fühlbar sind, lassen allerdings bis zum 3. Trimester auf sich warten. Jetzt ist die Schwangerschaft deutlich für Außenstehende zu erkennen. Alles wird größer, nicht nur der Bauch, sondern auch sämtliche andere Körperrundungen. Oft ist dies die Zeit, wo deine Partnerin aufblüht und noch mal so richtig an Attraktivität zulegt: Durch die Hormonumstellung werden die Haare voll und glänzend, die Haut zeigt sich von ihrer besten Seite und der wachsende Busen wirkt äußerst anziehend! Kurzum: Von der Schwangeren geht ein inneres und äußerliches Strahlen aus, das sie absolut unwiderstehlich macht. In dieser Zeit empfiehlt es sich, die letzte Gelegenheit zu nutzen, um als Paar alleine wegzufahren und einen romantischen Urlaub in die Sonne zu buchen. Dort solltet ihr richtig entspannen, denn wenn ihr dann wieder zu Hause seid, setzt nämlich bei ihr auch bald der Nestbautrieb ein. Deine Partnerin bereitet jetzt alles vor, um für die Ankunft des Nachwuchses gerüstet zu sein. Du wirst dich also nun des Öfteren zwischen den Regalen eines bekannten schwedischen Einrichtungshauses wiederfinden, um Wickelkommode, Schlafgelegenheit und alles nötige und unnötige Babyzubehör zu erstehen. Jetzt endlich kannst du als Mann bei der Schwangerschaft richtig mitmachen! Stehst du als werdender Vater am Anfang dieser Zeit oft noch etwas hilflos daneben, so gilt es nun zuzupacken. Nicht nur müssen alle neuen Einrichtungsgegenstände aufgebaut werden, deine Gemahlin entwickelt in dieser Phase höchstwahrscheinlich Umbaupläne für das gesamte Haus und das Kinderzimmer muss noch mal umgeräumt und garantiert auch neu gestrichen werden. Auf keinen Fall soll eine schwangere Frau schwere Gegenstände heben. Das fast unvermeidliche Möbelrücken während dieser Zeit ist also allein deine Aufgabe.

Im zweiten Drittel der Schwangerschaft setzt auch die Gewichtszunahme der werdenden Mutter ein. Im 1. Trimester ist die Zunahme des Gewichtes noch unerheblich, es kann unter Umständen sogar zu einem Gewichtsverlust durch die häufige Übelkeit und das damit einhergehende Erbrechen kommen. Im 2. Trimester wächst nicht nur das Baby, sondern auch der Mutterkuchen und die Plazenta. Zudem kommt es zu Wasser- und Fetteinlagerung ins Gewebe und nicht zuletzt erhöht sich das Gewicht der Brüste erheblich. Im 2. Und 3. Schwangerschaftsdrittel legt deine Liebste im Durchschnitt um 500 g pro Woche zu. Manche Frauen empfinden diese Gewichtszunahme als unangenehm und fühlen sich in ihrem Körper nicht mehr wohl. Hier kannst du als Mann mit vielen Komplimenten über ihr tolles Aussehen helfen, ihre zunehmend ausladenden Körperformen zu akzeptieren. Andere Frauen dagegen kommen mit ihren neuen Rundungen sehr gut zurecht und fühlen sich super-sexy. Das kann dir als Mann natürlich nur recht sein!

Sex in der Schwangerschaft – erlaubt ist, was gefällt

Viele Paare, die zum ersten Mal Eltern werden, sind bei der Frage nach Sex in der Schwangerschaft unsicher: Was ist erlaubt? Kann Sex dem Kind schaden oder bekommt das arme Baby gar den Schock seines Lebens, wenn es Zeuge dieser unerhörten Vorgänge wird? Es ist beruhigend zu wissen, dass ein erfülltes Sexualleben auch während der Schwangerschaft möglich ist. Der Nachwuchs liegt sicher im Bauchraum, durch Fruchtblase und Fruchtwasser gut geschützt. Auch die Kontraktionen der Gebärmutter während des weiblichen Orgasmus sind für das ungeborene Kind ungefährlich. Es gibt allerdings einige medizinische Gründe, bei denen Vorsicht geboten ist oder ganz auf den Geschlechtsverkehr verzichtet werden sollte. Dazu gehören unter anderem Blutungen in der Schwangerschaft, vorzeitige Wehentätigkeit, vorausgegangene Fehlgeburten oder eine Scheideninfektion. Hier ist es wichtig, sich mit dem Arzt abzusprechen. Allerdings ist die Lust auf Sex individuell sehr unterschiedlich, bei Übelkeit oder bleierner Müdigkeit im 1. Trimester lässt sich kein ausufernder Sex-Drive erwarten, auch empfinden sich manche Schwangere durch die Gewichtszunahme als nicht mehr besonders attraktiv. In anderen Fällen genießt die Frau den Sex in der Schwangerschaft sogar mehr als sonst, weil ihr Genitalbereich besser durchblutet ist. Im letzten Schwangerschaftsdrittel dagegen stehen oft Rückenschmerzen und die nachlassende Beweglichkeit einem intensiven Sexualleben entgegen. Hier gilt: Sprecht miteinander ab, was ihr erwartet, was euch gefällt und wie ihr unterschiedlichen Bedürfnissen gerecht werden könnt.

Das 3. Trimester (29. – 40. Schwangerschaftswoche)

Langsam aber sicher biegt die Schwangerschaft nun auf die Zielgerade ein. Das Baby legt weiter an Gewicht zu und die Organe reifen vollständig aus. Das Kind ist nun auch im Falle einer Frühgeburt mit intensiv-medizinischer Betreuung überlebensfähig. Nach dem meist relativ entspannten zweiten Drittel der Schwangerschaft wird es jetzt noch mal anstrengend – vor allem für deine Partnerin. Durch die weitere Gewichtszunahme wird das tägliche Leben zunehmend beschwerlich. Oftmals lassen Wassereinlagerungen Beine und Arme anschwellen und die werdende Mutter wird von Rücken- und Fußschmerzen malträtiert. Dazu kommt noch der ständige Druck auf die Blase, für die im Körper jetzt nicht mehr genug Platz ist. Für dich als Mann heißt es in dieser Phase vor allem, deine Lebensgeschwindigkeit herunterzufahren und deiner Partnerin so gut du kannst beizustehen. Seid ihr beide bis vor wenigen Monaten forschen Schrittes durch die Einkaufsmeile geeilt, dann schleppt ihr euch mittlerweile nur noch mühsam voran. Das Gehen fällt ihr zunehmend schwer, dazu kommt die ständige Kurzatmigkeit, die ein flottes Vorankommen verhindert. Gleichzeitig ist der Fokus immer auf die Entfernung zur nächsten Toilette gerichtet. Denn in dieser Zeit findet der Gang zum stillen Örtchen gefühlt alle 10 Minuten statt. Wenn du gewohnt bist, dein Leben schnell zu leben, dann kann das Ganze schon mal zur Geduldsprobe werden. Gleichzeitig bereitet es dich aber auch auf deine Rolle als Vater vor. Denn schon vor der Geburt übst du das, was jeder Mann mit Kind gut können sollte: Warten. Denn wenn du die vielen Entwicklungsschritte deines Sprosses aktiv begleitest, wirst du feststellen, dass dies vor allem Zeit und Gelassenheit braucht. Mit Schwangerschaft und Geburt beginnt oft die Entdeckung der Langsamkeit.

Im 3. Trimester kannst du deiner Partnerin über ihre Beschwerden hinweghelfen, indem du ihr bei den täglichen Aufgaben tatkräftig unter die Arme greifst. Massagen mit angenehmen Ölen können die schlimmsten Rückenschmerzen lindern und viel partnerschaftliche Zuwendung kann ihr das beschwerliche Dasein in dieser Zeit erleichtern. Das Baby macht sich jetzt deutlich bemerkbar, für die Mutter können die Tritte, die sie von innen erhält, richtig schmerzhaft sein. Für den Vater ist es faszinierend zu sehen, wie ein kräftiger Fuß fast durch die Bauchwand kommt. Je nach Lage sind die Extremitäten des Babys gut von außen zu erkennen. Die Sinneswahrnehmung des ungeborenen Kindes ist in diesem Stadium schon sehr ausgeprägt. Musik, Bewegung und Stimmen werden vom Baby wahrgenommen. Das ist für den Vater eine tolle Möglichkeit zur Kontaktaufnahme. Rede mit deinem Kind, spiele ihm deine Lieblingsmusik vor oder falls du besonders mutig bist, kannst du ihm auch etwas vorsingen. All das trägt zu einer festen Vater-Kind-Bindung schon im Mutterleib bei.

Baby und Mutter bereiten sich jetzt bereits zielstrebig auf die Geburt vor. Ab der 29. Woche der Schwangerschaft treten die ersten, zu Beginn noch schmerzlosen Übungswehen auf. Das Kind wächst beständig weiter und die Reifung der inneren Organe findet mit der vollständigen Ausbildung der Lunge in der 35. Woche ihren Abschluss. Das Gewicht kurz vor der Geburt beträgt ca. 2800 bis 4000 g, die Größe liegt zwischen 48 cm und 54 cm. Jetzt wird es richtig eng im Bauchraum und das Baby dreht sich im Normalfall in die Geburtslage mit dem Kopf nach unten. Nun steht die Geburt unmittelbar bevor und es heißt: Abwarten und die letzten Vorbereitungen treffen. Ist die Tasche mit allem Nötigen für Mutter und Kind gepackt? Auch Organisatorisches wie zum Beispiel das Beantragen der Elternzeit lässt sich während dieser Wartezeit gut erledigen. Viele Väter nehmen sich frei, wenn die Geburt unmittelbar bevorsteht. Jetzt könnt ihr noch Zeit zu zweit verbringen – es herrscht die Ruhe vor dem Sturm! Für die Mutter sind die letzten Tage der Schwangerschaft in der Regel eine Qual. Zunehmend unbeweglich, von Schmerzen gepeinigt und von Schlafstörungen geplagt ist diese Zeit wahrhaftig kein Zuckerschlecken! Gönne deiner Partnerin viel Ruhe und mache ihr das Leben leichter. Massagen, Gespräche, ein warmes Bad und viel liebevolle Zuwendung helfen, die Wartezeit zu verkürzen und eure Beziehung zu vertiefen. Angst der Mutter vor der Geburt ist völlig normal, hier kannst du mit beruhigender Präsenz viel bewirken.

Vor allem beim ersten Kind kann es in der allgemeinen Aufregung durchaus vorkommen, dass der vermeintliche Geburtsbeginn in Wirklichkeit nur ein Vorgeplänkel ist. Oft werden Bauchschmerzen oder ein Ziehen in der Leistengegend mit den Geburtswehen verwechselt. Wundere dich nicht, wenn ihr nach einer flotten Fahrt ins Krankenhaus unverrichteter Dinge wieder nach Hause gehen könnt – falscher Alarm! Wenn allerdings die Fruchtblase platzt, das Fruchtwasser abgeht und regelmäßige Wehen im Abstand von 5 bis 10 Minuten einsetzten, dann ist es allerhöchste Zeit, sich schnurstracks ins Kranken- oder Geburtshaus zu begeben oder bei einer Hausgeburt die Hebamme zu benachrichtigen.

Die Rolle des Vaters bei der Geburt

Das Klischee, wo der werdende Vater vor dem Kreißsaal nervös auf- und ab tigert und eine Zigarette nach der anderen raucht, gehört zum Glück der Vergangenheit an. Zum einen hast du ja das Rauchen schon bei Beginn der Schwangerschaft aufgegeben, zum anderen ist der Mann heutzutage in den meisten Fällen mitten drin im Geschehen und übernimmt eine aktive Rolle. Dabei gibt es für dich im praktischen Sinne wenig zu tun. Die harte Arbeit bei der Geburt übernimmt die Frau! Das heißt aber nicht, dass du nur tatenlos danebenstehst und Däumchen drehst. Deine Aufgabe ist es vor allem, durch deine aufmerksame und gleichzeitig zurückhaltende Anwesenheit der werdenden Mutter Sicherheit zu vermitteln. Jetzt bist du der Vermittler zwischen deiner Partnerin und dem Krankenhauspersonal und musst für ihre Bedürfnisse einstehen. Gleichzeitig bist du derjenige, der ihr so gut es geht, unter die Arme greift. Stütze sie, wenn sie den Gang auf und ab läuft, um die Wehen zu fördern. Mache ihr Mut und beruhige sie, wenn sie nervös wird. Wenn es angenehm für sie ist, kannst du ihr auch den Rücken massieren. Lasse es über dich ergehen, wenn sie dich beschimpft, dass du schuld an allem Schmerz und der Misere überhaupt bist. Die Schmerzen, die eine Frau bei der Geburt ertragen muss, auch wenn sie heute oft durch Schmerzmittel abgemildert werden können, sind kaum vorstellbar.

Dann ist er aber da, der große Moment: Der Kopf ist schon zu sehen, ein letztes Mal mit aller Macht gepresst, die Schulter ist durch. Der übrige Körper des Babys gleitet fast von allein heraus und alle warten nur noch auf eins: den ersten Schrei deines neugeborenen Kindes. Was für ein Moment!

Alle Anspannung der vergangenen Monate fällt mit einem Mal von den Eltern ab und ihr könnt euch ganz der Freude über die langersehnte Ankunft des Nachwuchses hingeben. Der Augenblick der Geburt ist für viele Paare ein überwältigender Moment. Wenn du möchtest, kannst du nun die symbolische Aufgabe übernehmen und die Nabelschnur durchschneiden. Keine Angst, wenn dein Nachwuchs zu Beginn etwas verschrumpelt aussieht, die Geburt hat ihre Spuren hinterlassen. Das geht aber schnell vorüber. Auch die sogenannte Käseschmiere, der gelbliche Schutzbelag, der die Körperoberfläche der Neugeborenen bedeckt, zieht nach kurzer Zeit in die Haut ein. Du hast das schönste Baby der Welt! Es wird der Mutter auf die Brust gelegt und während du es noch gar nicht richtig fassen kannst, füllt die Hebamme im Hintergrund schon ihren Geburtsbericht aus. Jetzt kehrt oft eine große Ruhe ein. Die Eltern befinden sich in einem Schwebezustand zwischen absoluter Erschöpfung und tiefen Gefühlen des Glücks. Das Baby schläft nach den überstandenen Strapazen einen friedlichen Erholungsschlaf – willkommen in der Welt.

Freizeit adieu – Baby ahoi

Die ersten Stunden mit dem neuen Erdenbürger

Alles ist gut gegangen – die Mutter liegt erschöpft, aber glücklich mit dem schlafenden Kind im Arm in ihrem Bett. Du sitzt ebenso glücklich und erschöpft daneben. Von jetzt an seid ihr eine Familie. Diese ersten Stunden mit dem Neugeborenen ist eine ganz besondere Zeit, die du als Neu-Vater voll und ganz genießen solltest. Denn nur zu bald schon musst du von deiner Wolke sieben wieder auf die Erde hinabsteigen, wo eine Vielzahl von Aufgaben auf dich wartet. Verwandtschaft und Freunde wollen über die Neuigkeiten von der Ankunft des Nachwuchses informiert werden, es gibt einige Formalitäten zu erledigen und das Zu Hause muss auf das Eintreffen von Mutter und Kind vorbereitet werden. Bis dahin kannst du dich aber ganz deinen zärtlichen Glücksgefühlen hingeben. Heutzutage wird es meist den Eltern überlassen, wie lange sie im Kreißsaal oder Geburtszimmer bleiben wollen. Nach dieser ersten Erholungsphase werden Kind und Mutter nach einigen Stunden auf die Neugeborenen-Station gebracht. Wie lange die beiden dort bis zur Entlassung zubringen, hängt ganz von ihrem Befinden ab. Bei einer ambulanten Geburt werden Mutter und Kind erst gar nicht auf die Station verlegt, sondern die Familie geht nach einigen Untersuchungen gleich nach Hause. Im Regelfall verbringen vor allem Erstgebärende aber doch einige Tage im Krankenhausbett. Das gilt natürlich im Besonderen, wenn das Kind durch Kaiserschnitt auf die Welt kam. Dann braucht die Heilung Zeit, dementsprechend länger ist auch der Aufenthalt im Krankenhaus. Der Klinikaufenthalt beträgt im Durchschnitt bei einer

Vaginal Geburt 3,3 Tage, bei einem Kaiserschnitt 5 Tage. Bei einer Hausgeburt gilt das Gesagte natürlich nicht. Hier könnt ihr euch ganz entspannt von Anfang an in den eigenen vier Wänden über den Nachwuchs freuen und in Ruhe euren persönlichen Rhythmus finden.

Wenn es bei der Geburt keine Komplikationen gab und Eltern und Kind sich gemeinsam von den anstrengenden Ereignissen erholen können, dann kann nun ein intensives Bonding zwischen dir und dem Neugeborenen stattfinden. Dieser Begriff bezeichnet die tiefe Bindung, die sich zwischen Eltern und Kind in den ersten Stunden nach der Geburt entwickelt. Herztöne, Geruch, Stimmen und vor allem der enge Hautkontakt mit Mama und Papa vermitteln dem Neugeborenen eine Geborgenheit und Wärme, die ihm die Ankunft in dieser Welt sehr erleichtern und die euch für immer verbindet. Nach der aufwühlenden Zeit der Geburt kannst du jetzt dein Kind in Ruhe halten, mit ihm reden und dich völlig deinen zärtlichen Vatergefühlen hingeben. Diese ganz besonderen Momente lassen dich alle Aufregungen während der vergangenen 10 Monate vergessen.

In diesen allerersten Stunden im Leben deines Kindes wirst du auch Zeuge des ersten Stillens und des ersten Wickelns des Neuankömmlings. Während das Stillen natürlicherweise in den allermeisten Fällen von der Kindsmutter übernommen wird, kannst du dich nützlich machen, indem du deinem Nachwuchs die Windel wechselst. Keine Angst, es gibt genügend Schwestern auf der Station, die dir dabei helfen werden! Wenn du es geschafft hast, dieses winzige Wesen sauberzumachen und ihm eine neue Windel anzuziehen, dann ist für alle Welt ersichtlich, wie ein stolzer Papa aussieht.

Für die Vater-Kind-Bindung sind diese Momente von unschätzbarer Bedeutung. Koste sie voll aus!

Wenn das Kind dann frisch gefüttert und gewickelt in seinem Bettchen neben seiner Mutter liegt und friedlich schlummert, kannst du die Gunst der Stunde nutzen und zu Hause nach dem Rechten schauen. Dort kannst du dich von den Strapazen der vergangenen Tage ein wenig erholen, entspannen oder schlafen. Denn schon bald wird deine Präsenz wieder gefordert sein und du begibst dich zurück an die Seite deiner Liebsten. Verwandtschaft und Freunde gratulieren und wollen Mutter und Kind am liebsten alle gleichzeitig besuchen. Jetzt gilt es wieder, als Anwalt deiner Partnerin zu handeln. Koordiniere den Besucherstrom so, dass weder Mutter noch Kind überfordert werden. Die ersten Stunden und Tage mit dem neuen Erdenbürger sind eine besondere Zeit für euch als Familie. Das Wohlbefinden von Mutter, Vater und Kind sind jetzt die Hauptsache, die Bedürfnisse der anderen sind im Moment nicht so wichtig.

Was erwartet dich als Neu-Vater?

Du kannst noch so viele Ratgeber lesen, was als Neu-Vater in den ersten Tagen und Wochen auf dich zukommt, ist schwer vorauszusagen. Das ist von vielen verschiedenen Dingen abhängig: Wie hat die Mama die Geburt überstanden, ist sie schnell wieder beweglich oder schlägt sie sich mit dem Baby-Blues herum? Wie entwickelt sich das Baby? Schläft es regelmäßig, trinkt es genug und wie steht es mit der Verdauung? Wie geht es dir als Vater mit der Lebensumstellung und wie verhält sich eure Umwelt? Hier hilft nur eins: Gib auf zu planen und lebe in den Tag. Denn vor allem bis sich ein gewisser neuer Lebensrhythmus eingestellt hat, geht es in eurem Leben drunter und drüber. Das kleine Wesen bestimmt nun deinen Zeitplan und das Beste ist, sich nach diesem zu richten. Schläft das Kind, kannst du schnell wichtige Dinge erledigen oder seinen Schlaf bewachen, damit deine Partnerin mal duschen kann. Ist das Baby wach, verbringst du Zeit mit ihm. Es will getragen, geschaukelt oder gewickelt werden. So gehen die Tage in Windeseile dahin! Diese Umstellung ist für viele Neu-Väter nicht einfach, die sich bis jetzt als Herr ihrer Zeit empfanden. Gehst du schon kurz nach der Geburt wieder arbeiten, dann solltest du deinen Aufenthalt dort nutzen, um tief durchzuatmen und ein wenig zu entspannen, denn zu Hause wartet deine eigentliche Arbeit!

Wenn dir deine neue Aufgabe über den Kopf zu wachsen droht, gibt es einige wichtige Dinge, die du dir immer wieder ins Gedächtnis rufen kannst: Wie alles im Leben ist auch die Säuglingsphase nur ein relativ kurzer Zeitabschnitt. Vielleicht kommen dir die Tage und Nächte sehr lang vor, wenn dein Spross unleidlich und quengelig ist. Oder wenn du dringend etwas erledigen willst, stattdessen aber zum Babysitten abgestellt bist. Im Rückblick wirst du feststellen, dass diese Zeit in Windeseile vorbeirauscht. Freue dich deshalb an den kleinen Dingen, dem ersten Lächeln, dem ersten Zahn, wenn das Baby zum ersten Mal sitzt. Diese kostbaren Momente kommen nicht wieder!

Neu-Eltern erhalten von Verwandten und Bekannten ständig gut gemeinte Ratschläge, wie der Säugling am besten zu behandeln ist. Diese sind oft vollkommen widersprüchlich und können dazu führen, dass ihr am Ende denkt, alles verkehrt zu machen. Keine Bange, denn richtig und falsch sind bei der Kinderpflege relative Begriffe. Was bei dem einen Kind funktioniert, schlägt beim nächsten völlig fehl. Deshalb solltest du dich nicht verwirren lassen. Vertraue auf deine Instinkte und auf dein Baby und lerne guten Rat von überflüssigem zu unterscheiden.

Folge der einfachen Grundregel: Glückliche Eltern bedeuten glückliche Babys. Wie ihr euch als Paar seelisch und moralisch gegenseitig unterstützt, wie ihr eure Aufgaben verteilt und wie ihr es schafft, trotz aller Anstrengung auch die schönen und heiteren Seiten des Lebens zu genießen, hat entscheidenden Einfluss auf die allgemeine Befindlichkeit eures Nachwuchses.

Endlich zu Hause

Jetzt ist es so weit: Mutter und Kind können nach Hause gehen, die Siebensachen und die Blumensträuße neben dem Krankenbett werden zusammengepackt. Du hast die Babyschale mit ins Krankenhaus gebracht und euer frisch gewickelter Nachwuchs nimmt zum ersten Mal darin Platz. Wieder einer dieser tollen Momente, wenn ihr als Familie die Pforte des Krankenhauses hinter euch lassen könnt und in die weite Welt hinaustretet. Ein neues Zeitalter hat begonnen!

Du hast natürlich vorher schon geübt, wie dein Baby im Auto sicher angeschnallt wird und nun geht es ab nach Hause. Hereinspaziert ins zukünftige Familienheim. Das Kinderzimmer ist für den Neuankömmling gerichtet, das Bett für deine Liebste ist frisch gemacht und es beginnt nun eine neue Phase: die Zeit des Wochenbettes, in der die Mama und das Neugeborene

viel Ruhe brauchen, um sich von den Strapazen der Geburt zu erholen. Eventuelle Verletzungen, die während des Geburtsvorganges entstanden sind, beginnen zu heilen und auch die Schwangerschaftsrückbildung von Gebärmutter und anderen Organen setzt ein. Der Hormonhaushalt wird langsam wieder auf Normalzustand umgestellt. Das Baby kann euch jetzt kennenzulernen und seine neue Welt entdecken. Wenn alles gut geht, entwickelt es bald seinen eigenen Rhythmus zwischen Wach- und Schlafphasen. Deine Partnerin verbringt viel Zeit im Bett und stellt sich auf die veränderte Lebenssituation ein. Es herrscht eine fast magische und zauberhafte Atmosphäre. Du kannst diese Zeit noch verschönern, indem du die Mutter deines Kindes so gut wie möglich verwöhnst. Bring ihr etwas Leckeres zu Essen ans Bett, stelle ihr einen bunten Strauß Blumen auf den Nachttisch und kümmere dich um die wenigen Dinge, die jetzt im Haushalt zu tun sind. In diesen Tagen kannst du jede Menge Zeit mit deinem Nachwuchs verbringen. Du kannst stolz auf dich sein, denn du warst maßgeblich daran beteiligt, einen richtigen kleinen Menschen auf die Welt zu bringen. Freue dich an diesen Augenblicken, denn ehe du dich versiehst, kehrt ein gewisser Alltag ein, der gemeistert werden will.

Wie ändert sich das Leben als Liebespaar?

Mit der Geburt des Kindes, ist es erst mal vorbei mit der trauten Zweisamkeit. Denn jetzt ist plötzlich eine dritte Person in der Beziehung, die zudem sehr viel Aufmerksamkeit beansprucht. Deine Partnerin hat noch mit den körperlichen und eventuell seelischen Folgen der Geburt zu kämpfen, dazu kommen schlaflose Nächte und anstrengende Tage. Dass darunter das

Liebesleben anfangs leiden kann, ist nicht weiter überraschend. Sex ist in den ersten Wochen vielfach erst mal nicht möglich, oft hat deine Liebste eine Zeit lang auch keine Lust. Bei so manchen Paaren setzt nach der anfänglichen Euphorie bald Ernüchterung ein, wenn sich die neue Realität des Elterndaseins einstellt. In den meisten Fällen geht der Vater nach einiger Zeit wieder in den Berufsalltag zurück, die Mutter bleibt zu Hause und kümmert sich um Baby und Haushalt. Die große Mehrzahl der Frauen ist vor der Geburt berufstätig. Durch die neue Aufgabe verändert sich die Rollenverteilung und ein nicht geringer Prozentsatz an Neu-Müttern hat kräftig daran zu knabbern, plötzlich nicht mehr gleichberechtigt am Berufsleben teilzuhaben, sondern „nur" zu Hause zu sein. Väter fühlen sich oft von der Partnerin vernachlässigt, weil sie jetzt längst nicht mehr so viel Aufmerksamkeit bekommen wie vorher. Bei vielen Paaren kann das zu Spannungen in der Beziehung führen. Trotzdem muss die Geburt eines Kindes beileibe kein Beziehungskiller sein. Was kann ein Paar tun, um das Liebesleben trotz eventueller Schwierigkeiten wegen der veränderten Gegebenheiten frisch und lebendig zu halten? Eine große Portion Gelassenheit und Humor hilft euch über so manchen Stolperstein hinweg. Haltet euch auch hier vor Augen, dass dieser Abschnitt nur eine Phase in eurem langen Leben als Paar ist und dass sich die Dinge nach einer Weile wieder einpendeln. Auch wenn Geschlechtsverkehr einige Zeit lang nicht möglich sein sollte, so könnt ihr euch durch andere körperliche Aufmerksamkeiten ein Maß an Zärtlichkeit aufrechterhalten. Ganz wichtig ist es, euer Leben als Paar nicht vollständig aufzugeben. Versucht alle zwei Wochen nur zu zweit etwas zu unternehmen, geht ins Kino oder zum Lieblingsitaliener. Nehmt dazu die Hilfe eines Babysitters in Anspruch oder animiert die liebe Verwandtschaft, sich mal um das neue Familienmitglied zu kümmern. Omas und Opas sind oft begeistert, wenn sie ein paar Stunden mit dem neuen Enkel verbringen können. Auch Dinge alleine zu unternehmen, wie zum Beispiel Freunde zu treffen oder Hobbys zu pflegen, können der Beziehung guttun. Allerdings bleibt dafür oft im Trubel des neuen Familienalltags sehr wenig Zeit. Ganz wichtig ist es auch, sich auszutauschen. Das Gespräch als Paar zu erhalten und Probleme rechtzeitig ansprechen, dabei Geduld und Verständnis für die Lage des anderen aufzubringen, kann euch in dieser Phase vor dem Gang zum Paartherapeuten oder im Extremfall gar vor der Trennung bewahren. Gute Kommunikation und gegenseitiges Verständnis sorgen dafür, dass euer Liebesleben nach einiger Zeit wieder zur alten Form auflaufen wird. Kreativität und Einfallsreichtum sind gefragt, wenn es um den Austausch von Zärtlichkeiten in Gegenwart des neuen Mitbewohners geht. Denn entweder ist das Baby wach, dann ist keine Zeit, oder es schläft, dann sollte es nicht geweckt werden. Die Suche nach dem richtigen Ort und dem richtigen Zeitpunkt kann euer Liebesleben durchaus bereichern. Jetzt heißt die Devise: Spontaneität und Einfallsreichtum entwickeln!

Worauf gilt es im Umgang mit meinem Baby zu achten?

Bevor du dir jedoch zu viele Gedanken über dein zukünftiges Liebesleben machst, gibt es viele andere Dinge, denen du deine Aufmerksamkeit schenken solltest. Denn ab heute dreht sich alles um den neuen Erdenbürger, der in den ersten Wochen und Monaten seines Lebens noch vollständig von der Fürsorge seiner Eltern abhängig ist.

Eltern und Kind sind wohlbehalten zu Hause eingetroffen, deine Liebste erholt sich gut versorgt im Wochenbett und dein kleiner Nachwuchs liegt behütet daneben. Soweit ist alles prima! Doch was gibt es jetzt nicht alles zu beachten und zu lernen? Als Neu-Vater wirst du mit einem Mal mit völlig neuen Aufgaben und Problemen konfrontiert, die auf den ersten Blick überwältigend erscheinen können. Es gibt keinen Ausbildungsberuf „Vater", wo man den richtigen Umgang mit Neugeborenen lernen kann. Aber keine Bange, viele andere Männer vor dir haben ihre Kinder auch schon erfolgreich großgezogen! Mit Einfühlungsvermögen, einer Prise gesundem Menschenverstand und dem richtigen Hintergrundwissen kann die Kleinkindpflege ohne Probleme gemeistert werden. In den folgenden Abschnitten erfährst du jede Menge Wissenswertes, das dir dabei hilft, deinem Baby ein guter Papa zu sein. Neben Tipps zum richtigen Tragen eines Neugeborenen gibt es Informationen zum Windeln wechseln und wie man kleinen Unruhegeistern einen bestimmten Schlafrhythmus beibringen kann. Rat rund ums Fläschchen erhältst du ebenso wie einen Überblick, welche Vorsichtsmaßnahmen du ergreifen kannst, um die Gefahr des gefürchteten plötzlichen Kindstodes zu minimieren. Viele praktische Hinweise zum Umgang mit deinem Baby helfen dir auf deinem Weg zum Super-Papa.

Hochheben und Tragen eines Säuglings

Das winzige Wesen wirkt so klein und zerbrechlich, kann da nicht eine Menge schiefgehen, wenn man es hochhebt? Viele Väter sind am Anfang nervös, weil sie Bedenken haben, dem Kind wehzutun oder es falsch zu tragen. Mit der richtigen Technik und dem entsprechenden Grundwissen ist es aber nicht schwer, dein Baby sicher auf dem Arm zu halten. So empfindlich wie sie scheinen, sind Neugeborene übrigens gar nicht und im Falle, dass du etwas falsch machen solltest, wird dein Nachwuchs entsprechend lautstark protestieren.

Rücken- und Nackenmuskulatur eines Neugeborenen sind noch schwach entwickelt. Zwar werden beide Muskelgruppen ab der Geburt ständig trainiert und festigen sich in den ersten Wochen, aber erst ab einem Alter von etwa 6 Monaten kann dein Baby den Kopf dauerhaft selbstständig halten und drehen. Deshalb ist es wichtig, Kopf und Rücken beim Hochheben entsprechend zu unterstützen.

Bevor du dein Baby auf den Arm nimmst, gilt es einige Basisregeln zu beachten: Kleinkinder mögen und brauchen engen Körperkontakt, merken aber schnell, wenn jemand angespannt oder nervös ist und reagieren entsprechend. Daher solltest du – vor allem als ungeübter Neu-Papa – versuchen, möglichst locker und entspannt an diese Aufgabe heranzugehen. Eine solche Haltung überträgt sich fast automatisch auf dein Kind. Auch ist es wichtig, einfache Grundsätze der Hygiene zu beachten: Das Immunsystem ist bei Babys noch unvollständig ausgebildet und Krankheitskeime haben bei einem Neugeborenen leichtes Spiel. Saubere Hände sind daher beim Hochheben ebenso eine Selbstverständlichkeit wie saubere Kleidung. Wenn du selbst nicht gesund bist, solltest du engen Körperkontakt mit einem Säugling nach Möglichkeit vermeiden.

Das richtige Hochheben – eine Frage der Technik

Das Anheben des Babys lässt sich schnell lernen und wird nach einiger Übung zur zweiten Natur. Dein kleiner Fratz liegt auf dem Rücken und schaut dich erwartungsvoll an. Du greifst unter seinen Achseln um den Rumpf herum, deine Daumen zeigen nach oben und die restlichen Finger stützen von hinten fürsorglich Kopf und Rücken. Jetzt drehst du das Baby vorsichtig auf die Seite – welche ist dabei dir überlassen – und hebst es von dieser Position hoch in deine Arme. Durch deine stützende Hand ist der Kopf gesichert und kann nicht nach hinten gleiten. Auch die noch schwache Rückenmuskulatur wird dadurch unterstützt.

Zum Tragen auf dem Arm empfehlen sich drei klassische Haltetechniken:

- Wiegehaltung
- Schulterhaltung
- Fliegergriff

Wiegehaltung

Bei der Wiegehaltung liegt das Köpfchen in der Armbeuge, der Babykörper liegt quer zum Körper des Vaters auf dessen Arm. Die andere Hand ist frei und kann den Babykörper zusätzlich unterstützen oder die Flasche geben. Für dein Kind ist diese Haltung sehr angenehm, denn es kann zu dir aufschauen, sich richtig schön an dich kuscheln und liegt warm und sicher auf deinem Arm.

Schulterhaltung

Hier schaut der Kopf des Kindes keck gerade so über deine Schulter, der Rest des Körpers liegt an deine Brust geschmiegt. Eine Hand hält dabei Kopf und Rücken des Winzlings, die andere unterstützt den Po. In dieser aufrechten Haltung kann dein Baby nach dem Trinken am besten sein berühmtes Bäuerchen machen. Außerdem kann es von dieser sicheren Aussichtsposition aus, die interessante Umgebung erkunden.

Fliegergriff

Ein wenig abenteuerlich sieht es schon aus, wenn dein Kind bäuchlings auf deinem Unterarm liegt, mit dem Kopf in deiner Armbeuge. Aber keine Angst, diese Haltung ist sicher und du hast die andere Hand frei, um dringende Dinge zu erledigen. Der freie Arm kann zur zusätzlichen Unterstützung oder zum Streicheln oder Massieren verwendet werden.

> *Gerne wird der Fliegergriff nämlich auch dann angewandt, wenn dein Baby Blähungen hat und sich dadurch nicht wohlfühlt. Die Bauchlage verbunden mit leichter Massage kann deinem Kind schnelle Erleichterung verschaffen.*

Schone deinen Rücken

Bei aller Liebe zu deinem Kind solltest du aber dein eigenes Wohlbefinden keinesfalls außer Acht lassen. Sind Neugeborene am Anfang noch federleicht, so legen sie bald an Gewicht zu. Das kann deinen Rücken belasten. Schmerzen und Verspannungen können die Folge sein. Um dies zu vermeiden, gibt es einige einfach zu befolgende Ratschläge: Das Baby sollte möglichst dicht und hoch am Körper getragen werden, denn diese Schwerpunktverteilung wirkt sich positiv auf die Rückenmuskulatur aus. Seitliches Tragen, das heißt, wenn du dein Baby oft auf der Hüfte trägst, kann langfristig zu Haltungsschäden führen. Wichtiger als die Trageposition ist allerdings die Tragedauer. Je länger du dein Kind trägst, desto belastender ist das für die Skelettmuskulatur. Tragepausen sind also sehr wichtig und du solltest deinem Rücken regelmäßig eine Entspannungsphase gönnen. So schön es ist, dein Kind ganz nah bei dir zu spüren: Wenn du öfters den Kinderwagen zu Hilfe nimmst, um deinen Nachwuchs von A nach B zu bringen, tust du deinem Körper einen großen Gefallen.

Babytrage und Tragetuch – sicherer Halt und freie Hände

Du musst dein Baby nicht immer auf deinen Armen mit dir herumtragen. Es gibt mittlerweile eine große Auswahl an Tragehilfen, die das Leben eines Neu-Vaters erleichtern können. Ein enormer Vorteil der Babytragehilfen ist, dass beide Hände auf einmal wieder frei sind, um andere wichtige Dinge zu erledigen. Darüber hinaus ermöglichen sie ein ermüdungsfreies Tragen über größere Distanzen. Durch den engen Kontakt zwischen Vater und Kind erfüllen die Tragehilfen auch das elementare Bedürfnis nach Nähe und Geborgenheit des Säuglings und unterstützen seine körperliche Entwicklung.

Zwei Systeme sind üblich: das Tragetuch und die Babytrage. Das Tragetuch ist ein für Babys angefertigtes langes Tuch, mit dem der neue Erdenbürger mit Hilfe einer speziellen Wickeltechnik sicher und warm an die Brust oder den Rücken des Trägers gebunden wird. Die Babytrage erfüllt den gleichen Zweck, das Kind wird mithilfe eines ergonomisch geformten Haltegurts und mit einem ausgeklügelten Verschlussmechanismus am Körper fixiert. Beide Systeme sind sehr gut geeignet, das Baby sicher und komfortabel zu transportieren. Die Auswahl verschiedener Tragetücher und Babytragen ist allerdings riesig und verwirrend. Hier solltest du recherchieren und Testberichte zurate ziehen, bevor ihr euch zum Kauf eines bestimmten Produktes entscheidet. Grundsätzlich sind Babytragen zu empfehlen, bei dem das Kind mit dem Gesicht zum Träger sitzt. Hier ist die Möglichkeit zum Blickkontakt zwischen deinem Baby und dir gegeben, was die Bindung zwischen euch unterstützt. Viele Säuglinge sind auch schlichtweg überfordert von dem, was an Eindrücken aus der Umwelt auf sie einstürzt, wenn sie mit dem

Blick nach vorne sitzen. Die natürliche Spreizhaltung – die sogenannte M-Haltung – wird durch die zum Träger gewandte Position gefördert. Nicht zuletzt kann eine vom Körper abgewandte Sitzhaltung zum Hohlkreuz bei deinem Baby führen und ist deshalb physiologisch bedenklich.

Ganz allgemein tendieren Väter mehr zur Verwendung einer Babytrage, während Mütter oft das Tragetuch bevorzugen. Viele Paare benutzen auch beide Systeme im Wechsel, je nach Lust und Laune.

Wie wechsle ich die Windeln meines Kindes?

Hättest du es gewusst? Durchschnittlich 5'000 Windeln braucht ein Baby von der Geburt bis zu dem Zeitpunkt, wo es die vollständige Kontrolle über seine Blasen- und Darmfunktionen erlangt hat. Rund 3'000 davon allein im ersten Jahr, denn es muss jeden Tag 6 bis 8 Mal gewickelt werden. Blieb es in früheren Zeiten der Mutter überlassen, die Windeln zu wechseln, ist es heutzutage selbstverständlich, dass auch der Vater eine aktive Rolle bei der Sauberkeitserziehung spielt. Die Zeit, die du mit deinem Baby verbringst, während es gewickelt wird, verstärkt die Bindung zwischen dir und deinem Kind. Viele Väter gehen zu Beginn allerdings mit gemischten Gefühlen an die neue Aufgabe heran. Die verschiedenen Handgriffe zu erlernen, die zum Wechseln der Windel erforderlich sind, können einen Neu-Papa schon mal überfordern. Aber auch hier gilt: Keine Panik! Mit einiger Übung, etwas Fingerspitzengefühl und einer entspannten Grundhaltung dauert es nicht lange, bis du zum Wickel-Profi geworden bist.

Wann muss die Windel gewechselt werden?

Ein Säugling pinkelt am Tag 10-20 Mal. Das bedeutet, dass die Windel alle 2-3 Stunden kontrolliert werden sollte. Ist sie nass, sollte sie gleich gewechselt werden, nicht nur für das Wohlbefinden des Kindes, sondern auch um Hautreizungen und Windelausschlag vorzubeugen. Ähnliches gilt für den Stuhlgang, wobei die Häufigkeit der festen Ausscheidung sehr variieren kann: „Fünfmal am Tag oder einmal in fünf Tagen" ist hier die Faustformel, die einen normalen Rhythmus beschreibt. Wenn dein Kind drei Tage kein großes Geschäft gemacht hat, ist das noch kein Anzeichen von Verstopfung, sondern ein durchaus normaler Vorgang. Das Verdauungssystem muss sich erst entwickeln und seine eigene Regelmäßigkeit finden. Wie oft dein Baby auch Stuhlgang hat, es ist wichtig, die Windel danach immer möglichst gleich zu erneuern. Gewickelt wird vor und nach jedem Nickerchen. Solltest du das Glück haben, dass dein Kind die Nacht durchschläft, so ist es nicht nötig, es mitten in der Dunkelheit unsanft aus dem Schlaf zu reißen, um ihm eine neue Windel anzuziehen. Moderne Windeln sind mittlerweile so saugstark, dass sie den Urin der Nacht aufnehmen können, ohne auszulaufen oder sich nass anzufühlen. Im Übrigen gilt: Wickele deinen Nachwuchs, bevor ihr für längere Zeit das Haus verlasst, sei es für einen Spaziergang, den Arzttermin oder eine Autofahrt. So besteht zumindest die Chance, dass du wieder zu Hause bist, bevor die nächste Windel fällig ist. Ein Windelwechsel auf dem Autorücksitz lässt sich zwar nicht immer vermeiden, ist aber weder für die Eltern noch für das Kind besonders komfortabel.

Windel wechseln – Vorbereitung

Am schnellsten und angenehmsten lässt sich eine Windel wechseln, wenn alle benötigten Utensilien an ihrem Platz sind und eine geeignete Unterlage zum Wickeln vorhanden ist. Am besten eignet sich eine Wickelkommode, deren Oberfläche so bemessen sein sollte, dass Baby und Wickelmaterial leicht darauf Raum finden. In den Schubladen kann alles Nötige griffbereit aufbewahrt werden, von den Windeln bis zu Wechselsachen. Es muss aber nicht unbedingt eine Wickelkommode sein: Auch jede andere tischähnliche Oberfläche kann mithilfe einer wasserundurchlässigen Unterlage als Wickelplatz genutzt werden. Eine Wärmelampe über dem Wickeltisch sorgt für eine wohlige Atmosphäre, sodass dein kleiner Frosch nicht frieren muss.

Was brauchst du alles zum Windelwechsel? Zum Ersten natürlich eine neue Windel, dazu einen feuchten Waschlappen oder Feuchttücher. Außerdem eine kleine Tüte für die schmutzige Windel. Heutzutage sind die Windeln in der Regel aus Plastik, es gibt aber auch kompostierbare Varianten. Wundschutzcreme oder Vaseline sollten ebenfalls nicht fehlen. Bei der Verwendung von Stoffwindeln sind zusätzlich die passenden Einlagen und eventuell Klammern nötig. Ein geruchsdichter Windeleimer sollte direkt neben der Wickelkommode platziert sein.

Wie so oft im Leben gilt auch beim Wickeln: Übung macht den Meister. Am Anfang sitzt noch längst nicht jeder Handgriff und du bist froh, wenn du endlich mit fahrigen Bewegungen die neue Windel an dein Baby gefummelt hast. Mit einiger Erfahrung wird es dir aber nach kurzer Zeit vielleicht sogar

Vergnügen bereiten, dein Kind sauberzumachen, denn dieses sind wertvolle Momente für die Vater-Kind-Beziehung. Du kannst während des Windelwechseln viel mit deinem Baby reden und Späße machen, an denen ihr beide eure Freude haben könnt.

Vor dem Wickeln ist es wichtig, sich die Hände zu waschen und sie gut abzutrocknen. Wenn dein Baby sicher auf der Wickelunterlage liegt und du es von Strampler und Body befreit hast, kann es losgehen. Öffne die Windel an den Klebestreifen und falte sie auf. Die Klebestreifen werden an der Windel festgeklebt, sonst kann es passieren, dass sie an der zarten Babyhaut haften bleiben und ziepen.

Die aufgefaltete Windel bleibt noch an Ort und Stelle, denn erst mal geht es ans Saubermachen.

> ***Dies ist ein kritischer Moment bei männlichen Babys, denn oft sind sie von dem, was sich abspielt, so begeistert, dass sie anfangen zu pinkeln und einen kräftigen Strahl in deine Richtung senden. Um dieser warmen Dusche zu entgehen, empfiehlt es sich, den Penis mit einem sauberen Tuch abzudecken.***

Im nächsten Schritt drehst du dein Baby, indem du eine Hand unter die Hüfte legst und den Körper vorsichtig auf die Seite rollst. Das Kind an den Füßen anzuheben, wie es von vielen Eltern praktiziert wird, wird von

Hebammen nicht mehr empfohlen. Du kannst mit der Hand einen Oberschenkel deines Babys umfassen und das andere Bein legst du über deinen Handrücken. So kannst du den Po deines Nachwuchses hüftschonend anheben. Nun faltest du die schmutzige Windel zur Mitte hin unter das Hinterteil des Säuglings, sodass die saubere Außenseite nach oben zeigt. Jetzt kannst du dich mit dem Waschlappen oder mithilfe der Feuchttücher an die Reinigung des Genitalbereichs machen. Zuerst ist die Vorderseite dran, danach wird der Po gesäubert. Bei Mädchen ist es wichtig, dass du dabei von vorn nach hinten wischst, damit keine Darmbakterien in die Scheide gelangen können. Ist alles sauber und trocken, wird noch ein wenig Wundschutzcreme oder Babypuder aufgetragen, so wird die empfindliche Haut vor Entzündungen geschützt.

Entferne nun die alte Windel und lege eine frische unter. Im Eifer des Gefechts kann es dabei öfter vorkommen, dass du die neue Windel falsch herum platzierst. Vergewissere dich, dass die Seite mit dem Klettverschluss unter dem Po des Babys liegt. Beim Verschließen solltest du darauf achten, dass die Windel weder zu fest noch zu locker sitzt. Ein Finger sollte bequem zwischen Windel und Bauch passen. Bei Neugeborenen ist es außerdem wichtig, dass der Nabel mit dem Rest der Nabelschnur nicht von der Windel bedeckt ist, sonst kann es zu Schmerzen oder Entzündungen kommen.
Im letzten Schritt ziehst du dein Baby wieder an und entsorgst die alte Windel.

Mit zunehmendem Alter wird dein Kind immer beweglicher und lässt sich dann nicht mehr so leicht wickeln. Es dreht sich weg oder versucht, wenn

es schon krabbeln kann, zu entfliehen und findet das alles überaus spaßig. Gar nicht so einfach, dann die Geduld zu bewahren. Hier hilft oft Ablenkung mit einem Spielzeug oder anderen spannenden Gegenständen. Wenn es zeitlich passt, könnt ihr das Wickeln auch als Paar erledigen, einer von euch lenkt das Kind ab, der andere wechselt die Windel. Das gibt euch Extra-Zeit als Familie und schweißt euch drei weiter zusammen.

Die gesunde Ernährung deines Kindes

Dein Baby wird bis zum Alter von 4 bis 6 Monaten ausschließlich mit Milch ernährt, entweder durch Stillen oder mit der Flasche. Muttermilch ist ein geniales Naturprodukt und enthält alle notwendigen Nährstoffe und Spurenelemente, die ein Baby zum gesunden Wachstum braucht. Aber auch wenn das Kind mit der Flasche gefüttert wird, sind alle auf dem Markt befindlichen Säuglingsmilchprodukte so zusammengesetzt, dass sie eine vollwertige Nahrungsgrundlage bieten. Jegliche Säuglingsnahrung unterliegt strengsten gesetzlichen Grundlagen, was sowohl Nährstoffzusammensetzung als auch den Schadstoffgehalt anbetrifft.

Die Muttermilch verändert sich im Laufe der Zeit und passt sich dem Nahrungsbedarf des Säuglings an. Die Milch, die das Baby in den ersten Tagen nach der Geburt erhält, nennt sich Kolostrum oder Vormilch und ist von der Konsistenz wesentlich dickflüssiger als die Milch, die später produziert wird. Das Kolostrum hat einen hohen Eiweißgehalt, enthält viele wertvolle Spurenelemente wie die Vitamine A, E und B12 und ist reich an

Antikörpern, um das Immunsystem des Neugeborenen auf Trab zu bringen. Außerdem ist der Salzgehalt erhöht.

Vom 3. bis 14. Tag nach der Geburt wird die transitorische Milch gebildet, die dünnflüssiger und heller ist als das Kolostrum. Sie stellt ein Übergangsstadium von der Vormilch zur sogenannten reifen Muttermilch dar, die ab dem 14. Tag gebildet wird und deren Zusammensetzung für den Rest der Stillzeit relativ konstant bleibt. Der überwiegende Teil der reifen Milch besteht aus Wasser, in dem alle Nährstoffe wie Kohlenhydrate, Fette und Proteine gelöst sind. Der Gehalt an Eiweiß, Mineralstoffen und Vitaminen ist geringer als in der Vormilch, die Konsistenz wird aber von Mutter Natur genau auf den Bedarf des Babys abgestimmt.

Auch gekaufte Säuglingsnahrung wird in verschiedener Zusammensetzung angeboten, die sich je nach Alter des Kindes ändert. Welches Babymilchpulver dein Kind benötigt, ist auf der Packung klar ausgewiesen. In der Anfangsphase wird die sogenannte Pre-Milch verwendet. Diese Startmilch ist in ihrer Zusammensetzung der Muttermilch sehr ähnlich, der Gehalt an Kohlehydraten und Proteinen ist nahezu identisch. Die Pre-Milch wird in den ersten 4 bis 6 Lebenswochen gefüttert.
Darauf folgt die sogenannte 1-er Milch, die für Babys von der 4. Woche bis zum 6. Lebensmonat geeignet ist. Sie unterscheidet sich von der Pre-Milch durch einen erhöhten Anteil an Kohlenhydraten und verbleibt durch ihre Zusammensetzung länger im Magen-Darm-Trakt des Säuglings. Dadurch hält auch das Sättigungsgefühl länger an, dein Baby ist nicht so oft hungrig, was vor allem nachts für Eltern und Kind ein Segen sein kann.

Ab dem 7. Lebensmonat kann dann auf die Folgemilch, auch 2-er Milch genannt, umgestellt werden. Die Folgemilch ist preisgünstiger als die Anfangsmilch, die Zusammensetzung ist der Muttermilch jetzt nicht mehr streng angepasst. Die Proteinstruktur ist unterschiedlich, der Anteil an Kohlehydraten und Kalorien steigt. Diese Milch ist geeignet, wenn dein Baby schon Beikost bekommt.

Zwischen dem 5. und 7. Lebensmonat ist dein Baby nämlich bereit, neben der Milch auch feste Nahrung aufzunehmen. Das Fläschchen alleine reicht nun nicht mehr aus, dein Kind sattzubekommen, außerdem interessiert es sich mehr und mehr für euer Essen, dann ist vermutlich der Zeitpunkt gekommen, mit der Beikost anzufangen. Sollte deine Partnerin stillen, hat sie bisher den überwiegenden Hauptteil der Ernährung eures Babys übernommen, von nun an kannst du dich wesentlich mehr einbringen. Denn mit der Einführung von Beikost bist auch du der Nahrungsspender.

Der Anfang kann sich manchmal mühevoll gestalten. Dein Spross ist die ungewohnte Zusammensetzung des Essens noch nicht gewöhnt, auch der neue Geschmack ist anfangs seltsam. Deshalb nicht die Geduld verlieren, wenn der überwiegende Teil des Breis nicht im Baby-Magen, sondern auf dem Lätzchen oder auf deiner Hose endet. Die Umstellung dauert eine Weile, aber mit nachsichtiger Entschlossenheit werdet ihr nach einiger Zeit zusammen an den Punkt kommen, an dem dein Baby fröhlich eine ordentliche Portion Gemüsebrei verdrückt.

Welche Beikost ist geeignet?

Es ist etwas zeitaufwendiger, bleibt aber immer noch erste Wahl: der selbst gekochte Babybrei. Preiswert, mit einem minimalen ökologischen Fußabdruck und du weißt genau, was drin ist. Spitzenreiter unter den Breizutaten ist und bleibt die Karotte. Sie ist hervorragend verdaulich und schmeckt Babys gut, weil sie von Natur aus eine leicht süßliche Geschmacksnote hat. Außerdem sind Karotten in jeder Jahreszeit erhältlich und kosten wenig. Um dein Baby an feste Kost zu gewöhnen, brauchst du zu Beginn keine großartige Variation in dem, was du ihm auftischst. 2 oder 3 verschiedene Gemüsesorten sind für die ersten Wochen völlig ausreichend. Außer Möhren sind Pastinaken und Kürbis für den Anfangsbrei bei Kleinkindern sehr beliebt. Nach einiger Zeit können nach und nach auch andere Gemüsesorten eingeführt werden. Hier gilt es allerdings auf die richtige Nährstoffzusammensetzung und auf eventuelle Nebenwirkungen zu achten. Avocados zum Beispiel sind sehr fettreich, Weißkohl und Zwiebeln führen gern zu Blähungen. Du solltest dich also vorher schlaumachen, bevor du deinem Nachwuchs eine neue Gemüsevariante präsentierst und sie gegebenenfalls mit Altbewährtem wie der Karotte vermischen. Mit zunehmendem Alter kann das Baby auch an Nudeln, Kartoffeln und Fleisch gewöhnt werden. Am einfachsten ist es, nach und nach das gleiche Essen zu verfüttern, das ihr selbst esst, allerdings in pürierter und wenig gewürzter Form.

In der nachfolgenden Übersicht erhältst du Anhaltspunkte, wie der Übergang zur Familienkost am besten gelingen kann:

- **5. bis 7. Monat:** Einführung einer Mahlzeit, möglichst mittags. Püriertes Gemüse, nach einiger Zeit auch Kartoffeln, Fleisch und Fisch.

- **6. bis 8. Monat:** Zusätzlich zum Mittagsbrei wird abends eine Milchmahlzeit mit Milch-Getreidebrei ersetzt. Entweder aus dem Gläschen oder, wenn selbst gemacht, mit Milch, Haferflocken, Dinkel oder Hirse zubereitet.

- **7. bis 9. Monat:** Im dritten Schritt kannst du nachmittags einen Getreide-Obst-Brei füttern. Äpfel und Birnen sind gut geeignet und schmecken den meisten Kleinkindern.

- **Ab dem 10. Monat** gibt es in immer größerem Maße das Familienessen, das auch in zunehmend größeren Stücken verabreicht wird.

Je mehr Beikost gefüttert wird, desto weniger Milch benötigt dein Kind, um satt zu werden. Viele Kleinkinder sind in dieser Lebensphase schon abgestillt und bekommen nur noch die Flasche. Nimmt das Kind am Familienessen teil, ist auch die Flasche zur Nährstoffversorgung nicht mehr nötig. Der Flüssigkeitsbedarf kann durch Wasser oder Tee gedeckt werden. Viele Kinder finden es aber schwer, sich von ihrem geliebten Fläschchen zu trennen. Hier solltest du nicht zu streng sein und deinem Kind eine Zeit lang nachgeben. Die Phase, in der du ein Flaschenkind hast, geht sowieso viel zu schnell vorbei!

Säuglinge mit der Flasche füttern

Über 80 % der hier geborenen Babys werden gestillt, damit belegt Deutschland im europaweiten Vergleich einen der ganz vorderen Plätze. Natürliches Stillen hat eine Reihe von Vorteilen gegenüber dem Füttern mit der Flasche. Die Muttermilch ist in ihrer Zusammensetzung hervorragend auf die Bedürfnisse des Säuglings abgestimmt, wird stets mit Optimaltemperatur geliefert und ist immer keimfrei. Die Inhaltsstoffe der Muttermilch helfen dem Baby, ein kräftiges Immunsystem aufzubauen und vor Allergien besser geschützt zu sein. Dazu kommt, dass der enge Körperkontakt zwischen Mutter und Säugling die Bindung zwischen den beiden enorm festigt. Nicht zuletzt kostet die Muttermilch nichts – ganz im Gegensatz zum Milchpulver, dessen Kosten das elterliche Budget im Laufe der Zeit erheblich belasten können.

Es gibt aber auch einige Gründe, die Mütter dazu bewegen, ihr Kind nicht zu stillen und es stattdessen mit der Flasche zu füttern. Da ist zum einen die Unsicherheit, dass beim Stillen etwas schiefgehen könnte oder dass das Baby eventuell nicht satt wird. Zum anderen scheuen manche Frauen die enge Abhängigkeit, die das Stillen mit sich bringt. Im Fall, dass die Mutter schon nach kurzer Zeit wieder in den Beruf einsteigt, ist das Stillen oft mit dem Arbeitsalltag nicht vereinbar.

Aber auch wenn die meisten Babys zu Beginn ihres Lebens gestillt werden, irgendwann ist Schluss. Nach 6 Monaten werden nur noch rund 35 % aller Babys in Deutschland ausschließlich mit Muttermilch versorgt. Du kommst als Vater also spätestens mit dem Ende der Stillzeit in den Genuss, dein Kind mit der Flasche zu füttern. Da ist es hilfreich, schon vorher zu wissen, was auf dich zukommt. Wie auch das Wickeln ist die Zubereitung der Flasche eine Frage der Übung und wird schnell zur Routine. Wichtig ist vor allem, auf Sauberkeit und Hygiene zu achten, denn beim Füttern kann dein Kind leicht Krankheitskeime aufnehmen, die zu Durchfall und anderen Gesundheitsproblemen führen können.

Papa macht den ersten Schoppen

Deine Liebste hat sich heute Abend freigenommen und ist mit ihren Freundinnen zu einem wohlverdienten Tratsch Abend losgezogen. Du bleibst mit deinem kleinen Nachwuchs zum ersten Mal allein zu Hause und ihr macht euch auch eine schöne Zeit zu zweit. Wie die Windel gewechselt wird, hast du schon zur Genüge geübt, jetzt geht es aber darum, das hungrige Bündel ohne Zutun der Mutter sattzubekommen. Mit der richtigen Vorbereitung und der richtigen Ausrüstung ist das kein Problem.

Welche Utensilien werden benötigt?

Die folgende Grundausstattung hilft dir dabei, eine Baby-Flasche zuzubereiten, die deinem Kind so richtig schmeckt:

- Geeignetes Wasser
- Milchpulver
- Flasche und Sauger
- Wasserkocher

Im ersten Schritt der Flaschenzubereitung wird das Wasser erwärmt. Es ist nicht erforderlich, das Wasser in jedem Fall abzukochen, wie es früher üblich war. Was heutzutage aus dem Hahn kommt, ist in aller Regel von ausgezeichneter Qualität, die Belastung mit Keimen ist äußerst gering. Trotzdem solltest du dich im Zweifelsfall bei deinem Wasserwerk oder der Gemeindeverwaltung erkundigen, wie es um den Zustand des örtlichen Wassers bestellt ist. Hier kannst du erfahren, wie hoch die Nitratbelastung des Trinkwassers ist, mehr als 10 mg/l sind für Babys nicht erlaubt. Auch solltest du dich vergewissern, dass das Wasser in deinem Haus nicht durch altertümliche Bleirohre fließt, denn dann ist es für die Zubereitung von Babynahrung nicht geeignet. Bei Bedenken, kannst du auf Mineralwasser in Flaschen ausweichen. Auf dem Flaschenetikett sollte immer eindeutig vermerkt sein, dass dieses Wasser zur Verwendung für Babynahrung geeignet ist.

Ein Wasserkocher zum Erwärmen des Wassers ist eine nützliche Hilfe und sowieso in fast jedem Haushalt vorhanden. Du kannst das Wasser aber

natürlich auch im Kochtopf erhitzen. Das Wasser muss auf alle Fälle die richtige Trinktemperatur haben, bevor du das Milchpulver zugibst. Die liegt naturgemäß bei 37 ° Celsius. Etwas kälter ist kein Problem, wärmer sollte das Wasser aber nicht sein. Zum einen besteht die Gefahr, dass sich dein Baby verbrennt, zum anderen werden bei höheren Temperaturen wertvolle Nährstoffe in der Milch zerstört. Sollte das Wasser zu warm sein, kann es unter dem Wasserhahn oder in einem Topf mit kaltem Wasser gekühlt werden. Du kannst mit einem einfachen Test herausfinden, ob die richtige Temperatur erreicht ist: träufle einige Tropfen von der Trinkflasche auf die Innenseite deines Handgelenks. Fühlst du keinen Temperaturunterschied zwischen der Flüssigkeit und deiner Hand, dann hat alles seine Richtigkeit.

Teste die Temperatur bevor du das Milchpulver dazugibst.

Jetzt kannst du das Milchpulver zugeben. Auf der Verpackung ist genau angegeben, wie viele Portion-löffel Pulver zu einer bestimmten Menge Wasser gegeben werden. Babyflaschen besitzen alle eine Skala, sodass die richtige Menge Flüssigkeit eingefüllt werden kann. Jetzt den Sauger aufschrauben, Deckel nicht vergessen, und Flüssigkeit und Pulver durch sanftes Schütteln gut vermischen – fertig ist das Fläschchen. Zieh deinem Baby ein Lätzchen an, denn oft geht beim Füttern so einiges daneben, nimm es in den Wiegegriff und los geht's! Zwinge dein Kind nicht zum Trinken, wenn es den Sauger ablehnt. Wenn es Hunger hat, wird es die Flasche gerne annehmen. Nachdem das Baby seine Mahlzeit beendet hat, kann es in der

Schulterhaltung bequem aufstoßen. Hier empfiehlt es sich, ein Spucktuch über der Schulter zu haben, denn oft kommt mit dem Bäuerchen auch ein ordentlicher Schluck Milch wieder zurück. Das Aufstoßen nach dem Trinken ist deshalb wichtig, weil der Säugling mit der Flüssigkeit gleichzeitig jede Menge Luft aufnimmt. Die muss wieder hinaus, sonst gibt es im Baby-Magen Druck. Liegt das Kind aufrecht an der Schulter, kann die Luft am einfachsten entweichen. Du kannst deinem Baby dabei helfen aufzustoßen, indem du ihm leicht mit der Hand auf den Rücken klopfst.

Frisch gewickelt, gefüttert und hochzufrieden liegt dein Kind danach in deinem Arm. Gemeinsam könnt ihr jetzt ganz entspannt die Rückkehr der sicherlich gut gelaunten Mama abwarten.

Nicht zu warm und nicht zu kalt - die richtige Kleidung für dein Kind

Viele Neu-Eltern sind nervös, wenn es um die Kleidung ihres Nachwuchses geht. Weder soll das Kind frieren, noch soll ihm heiß sein. Gar nicht so einfach, die richtige Balance zu finden, vor allem mit einem Neugeborenen, das seine Körpertemperatur noch nicht selbst regulieren kann. Aber auch hier gibt es einige Grundregeln, die dabei helfen können, dass sich dein Baby in seiner zweiten Haut rundum wohlfühlt.

Wenn es draußen kalt ist und stürmt, scheint eine zusätzliche Lage Kleidung oft angebracht. Aber Vorsicht: Die Gefahr, dass das Kind überhitzt, ist größer, als dass es friert. Deshalb ist es angeraten, in der kühlen Jahreszeit das Baby nach dem Zwiebelschalen-Prinzip zu kleiden. Mehrere dünne

Schichten Kleidung erleichtern die Regulierung der Körpertemperatur. Denn sie können je nach Bedarf schnell an- oder ausgezogen werden. Als Orientierungshilfe kann gelten, dass dein Kind eine dünne Kleidungsschicht mehr anhaben sollte, als du selbst. Ob es deinem Baby zu warm ist, kannst du leicht feststellen: Ein heißes Köpfchen und rote Wangen sind sichere Zeichen dafür, dass es Zeit ist, es von mindestens einer Lage Kleidung zu befreien.

Du kannst auch einen einfachen Temperaturtest im Nacken zwischen den Schulterblättern durchführen: Wenn es dort warm und trocken ist, dann ist alles in Ordnung. Sollte der Nacken dagegen schweißfeucht sein, ist das Kind zu warm angezogen.

Kalt sollte es sich an dieser Stelle jedoch auch nicht anfühlen, in diesem Fall ist eine zusätzliche Lage Kleidung durchaus angebracht. Kalte Hände und Füße sind bei Neugeborenen übrigens völlig normal und kein Zeichen von Unterkühlung.

Kleinkinder sollen sich in ihrer Kleidung wohlfühlen, sie soll Geborgenheit vermitteln und gleichzeitig gute Bewegungsfreiheit ermöglichen. Wichtiger als modische Gesichtspunkte sind deshalb gutes Material und ein bequemer Schnitt. Auf Kunstfasern sollte bei Baby- und Kinderkleidung nach Möglichkeit verzichtet werden. Denn sie sind nicht in der Lage, einen guten Temperatur- und Feuchtigkeitsaustausch zu ermöglichen. Natürliche

Materialien wie Baumwolle oder Wolle sind hier wesentlich besser geeignet. Baumwolle ist hautfreundlich und pflegeleicht, Wolle ist ideal für die Temperaturregulierung. Mischgewebe bietet sich an, um die Vorteile verschiedener Materialien zu vereinen. Ein Kleidungsstück aus Wolle und Seide gefertigt, hält dein Kind nicht nur im Winter schön warm und im Sommer angenehm kühl, es ist auch wunderbar weich – ganz wie eine zweite Baby Haut. Ein wichtiger Aspekt bei der Kinderkleidung ist der Schadstoffgehalt. Kinderhaut ist sehr empfindlich und sollte keinesfalls mit Resten schädlicher Chemikalien aus dem Herstellungsprozess in Berührung kommen. Materialien aus ökologischem Anbau und international anerkannte Zertifikate und Etiketten geben Eltern Sicherheit, dass die Kleidung ihres Kindes frei von Schadstoffen ist.

Wie viel Hygiene braucht mein Baby?

Die Einstellung gegenüber Keimen hat sich in den letzten Jahren gewandelt. Galt es früher noch, möglichst alle Keime erbarmungslos auszumerzen, ist heutzutage ein besser informierter Umgang mit Krankheitserregern üblich. Denn zum einen ist es sowieso unmöglich, in einer keimfreien Umgebung zu leben, zum anderen ist es durchaus sinnvoll, dass Neugeborene in Kontakt mit einer gewissen Anzahl von Erregern kommen. Über die Muttermilch erhält der Säugling in den ersten Lebenswochen ein exzellentes Bollwerk gegen lebensbedrohliche Keime. Gleichzeitig beginnt auch das Baby selbst, ein eigenes Immunsystem aufzubauen. Um eine effektive Abwehr zu entwickeln, muss der Körper aber zuerst in Kontakt mit verschiedensten Erregern kommen. Ohne die Auseinandersetzung mit Keimen aus der

Umwelt kann das Kind nicht lernen, diese abzuwehren. In einer keimfreien Umgebung richtet sich das tatenlose Immunsystem gern gegen den eigenen Körper, so sind Allergien oder Autoimmunkrankheiten Tür und Tor geöffnet.

Ein sinnvolles Maß an Sauberkeit ist aber trotzdem nötig, um das noch unreife Immunsystem deines Kindes nicht zu überfordern.

Die wichtigste Hygienemaßnahme ist und bleibt das Hände waschen. Die Hände sind die Hauptüberträger für Krankheitskeime, weil sie ständig in Kontakt mit Gegenständen und anderen Personen sind. Durch gründliches Händewaschen kann die Gefahr der Übertragung von Krankheitskeimen deutlich reduziert werden. Vor und nach dem Wickeln, vor der Zubereitung von Essen und Flasche und nach dem Toilettengang ist das Händewaschen besonders wichtig. Auch wenn du von der Arbeit oder von Besorgungen nach Hause kommst, solltest du dir die Hände gründlich sauber machen, bevor du dich mit deinem Nachwuchs beschäftigst.

Ein gesundes Maß an Sauberkeit sollte selbstverständlich in der ganzen Wohnung herrschen. Regelmäßiges Putzen und Lüften sollten selbstverständlich sein. Um das Haus sauber zu halten, muss aber nicht zur chemischen Keule gegriffen werden. Allzweck-, Seifen oder Neutralreiniger sind völlig ausreichend, um für einwandfreie Hygieneverhältnisse zu sorgen. Chlorhaltige Reiniger oder aggressive Desinfektionsmittel können sogar die Gesundheit gefährden, indem sie die Atemwege belasten oder zur Entstehung von resistenten Keimen beitragen.

Für die Körperhygiene deines Nachwuchses brauchst du vor allem viel warmes Wasser. Seifen und Badezusätze sind für die empfindliche Baby Haut wenig geeignet. Bade dein Kind zweimal pro Woche in Wasser, das ungefähr Körpertemperatur hat. Wenn es schon etwas größer ist und sich nicht allzu sehr sträubt, kannst du es auch duschen. Gründliches Abtrocknen ist anschließend wichtig, vor allem in den Hautfalten, um Entzündungen vorzubeugen. Für die Reinigung des Genitalbereichs eignen sich ein warmer, feuchter Waschlappen oder Feuchttücher.

> *Als Alternative zum Waschlappen eignen sich auch Windeleinlagen. Es handelt sich dabei um Einweg-Vlieseinlagen aus Viskose &/oder Bambus, der auch nass reissfest ist.*

Schlaf, Kindlein schlaf – Schlafenszeiten und Routine

Am Anfang ihres Lebens verschlafen Neugeborene einen großen Teil ihres Tages: In den ersten 3 Lebensmonaten schlummert ein Baby durchschnittlich 16 bis 18 Stunden pro Tag. Neugeborene kennen noch keinen Unterschied zwischen Tag und Nacht und müssen den normalen Rhythmus erst lernen. Das dauert seine Zeit. Es gibt im Schlafverhalten von einzelnen Kleinkindern erhebliche Unterschiede. Auch Babys sind eben Individuen! Ob dein Nachwuchs schnell einschläft und lange Schlafphasen hat oder ob er nur schwer zur Ruhe kommt und öfter wieder aufwacht, ist von Kind zu Kind verschieden. Es ist ganz normal, dass es unter Geschwisterkindern verschiedene Schlaftypen gibt, auch kann sich das Schlafverhalten eines Säuglings im Laufe der Zeit erheblich ändern. Es dauert eben einige Monate, bis das Kind seinen eigenen Schlafrhythmus gefunden hat. Bis dahin kannst du dich darauf einstellen, dass deine Partnerin und du des Nachts öfters unsanft aus den Träumen gerissen werdet. Das Baby hat Hunger, die Windel muss gewechselt werden oder ihm ist kalt. Und manchmal weiß beim besten Willen niemand, was mit dem armen Spatz nicht stimmt. Nächtliche Schreiphasen sind nichts Ungewöhnliches und können für das Nervenkostüm der Eltern ziemlich belastend sein – Schlafentzug ist eine bekannte Foltermethode! Ihr könnt euch die Zeit der schlaflosen Nächte leichter machen, indem ihr euch eine Art Dienstplan aufstellt. Wenn zum Beispiel deine Liebste die Nacht mit Stillen und Windel wechseln zugebracht hat, könntest du ihr in den frühen Morgenstunden das Baby abnehmen, sodass sie ein paar Stunden Schlaf nachholen kann. Aber auch diese Zeiten gehen irgendwann vorüber. Nach dem ersten Lebensjahr sind Kleinkinder normalerweise in der Lage, nachts 6 bis 8 Stunden zu schlafen, ohne aufzuwachen. Dann werden aus den hohläugigen Zombie-Eltern langsam wieder normale Menschen! Die Zeit, wo dein Nachwuchs tagsüber schläft, wird mit den Monaten immer kürzer, aber auch noch mit 3 oder 4 Jahren ist es normal, wenn das Kind ein Mittagsschläfchen macht.

Wie kannst du deinem Kind helfen, seinen Schlafrhythmus zu finden?

Einem Säugling ein bestimmtes Schlafverhalten anzutrainieren, macht keinen Sinn. Das Baby tagsüber wach zu halten, damit es nachts länger schläft, ist genauso verkehrt, wie es ins Bettchen zu legen, obwohl es gar nicht müde ist. Für Eltern und Kind bedeutet das nur erhöhten Stress. Das Baby kann seine Müdigkeit nicht steuern. Deshalb gilt die einfache Grundregel: Bringe dein Kind ins Bett, wenn es müde ist. Es gibt mehrere Möglichkeiten, ihm zu helfen, einen Tag-Nacht-Rhythmus zu entwickeln. Routine im Tagesablauf zeigt dem Baby, dass die Zeit in einer bestimmten Abfolge vergeht. Wenn es lernt, dass der Tag mit einer gewissen Regelmäßigkeit um seine Bedürfnisse herum strukturiert ist, gewinnt es die Sicherheit, dass es für alles eine bestimmte Zeit gibt.

Gleichbleibende Rituale am Abend vor dem Zubettgehen zeigen deinem Kind, dass es jetzt in aller Ruhe und eingehüllt von der Fürsorge seiner Eltern einschlafen kann.

Seltene Katastrophe – der plötzliche Kindstod (SIDS)

Im Zusammenhang mit der richtigen Schlafumgebung sei hier die Gefahr des plötzlichen Kindstodes erwähnt. Er wird auch als Sudden Infant Death Syndrome bezeichnet. Das ist zwar ein sehr seltenes Ereignis, trotzdem sterben in Deutschland jedes Jahr weit über 100 Babys aus unerklärlichen Gründen in ihrer (vermuteten) Schlafphase. Es sind überwiegend Säuglinge im Alter von 2 bis 4 Monaten betroffen, tendenziell mehr männliche als weibliche. Für alle Beteiligten ist dies ein absolut traumatisches Ereignis und gehört zum Schlimmsten, was Eltern zustoßen kann. Der plötzliche Kindstod ist dadurch definiert, dass es keine offensichtlichen Gründe für den Tod des Babys wie Krankheit oder Unfall gibt. Viele Forschungsergebnisse weisen jedoch darauf hin, dass verschiedene Umstände das Risiko erheblich erhöhen können.

Einer der wichtigsten Gefahren ist die Überwärmung des Säuglings. Ein überheiztes Zimmer oder ein zu warm eingepacktes Baby sind Faktoren, die unbedingt vermieden werden sollten. Die richtige Temperatur im Schlafzimmer deines Kindes liegt zwischen 16 und 18 °C. Das mag uns kühl erscheinen, ist für Babys aber optimal. Ziehe dein Kind zum Schlafen nicht zu warm an. Eine Mütze ist innerhalb der Wohnung nicht erforderlich, Babys regulieren ihren Temperaturhaushalt auch über die Kopfhaut. Eine Bettdecke hat im Kinderbettchen nichts zu suchen, ein dünner Schlafsack ist besser geeignet, das Kind warm zu halten. Es wird empfohlen, dass das Baby im ersten Lebensjahr mit Mama und Papa in einem Raum schläft. Manche Forschungsergebnisse weisen auf ein erhöhtes Risiko hin, wenn Eltern und Kind im gleichen Bett schlafen, andere Forschungsarbeiten konnten kein erhöhtes Gefahrenpotenzial feststellen. Am sichersten ist es, wenn der Nachwuchs in seinem eigenen Bett im gemeinsamen Schlafzimmer schläft. Du kannst weitere Maßnahmen ergreifen, um das Risiko des plötzlichen Kindstodes zu minimieren:

- Dein Kind sollte immer in der Rückenlage schlafen.
- Im Bett dürfen sich keine zusätzlichen Decken, Kissen oder Umrandungen befinden, die eventuell die Atmung behindern können.
- Rauchen in der Wohnung ist tabu, eine rauchfreie Umgebung ist für dein Baby in jeglicher Hinsicht sehr wichtig.
- Die Matratze im Kinderbettchen sollte fest und gleichzeitig luftdurchlässig sein.

Ein Zusammenhang zwischen Impfungen und plötzlichem Kindstod, wie von manchen Beteiligten vermutet, konnte übrigens nicht hergestellt werden. Es gibt sogar Untersuchungen die besagen, dass die Gefahr des plötzlichen Kindstodes durch die Routineimpfungen im Säuglingsalter gesenkt werden kann.

Die Entwicklung des Kindes in den ersten 3 Lebensjahren

Es ist der Beginn des großen Abenteuers Familie und hoffentlich auch der Anfang einer lebenslangen Freundschaft: Das neue Familienmitglied ist da und bringt neues Leben ins Haus. Jetzt müsst ihr euch erst mal aneinander gewöhnen. Der frische Mitbewohner ist euch noch etwas fremd und auch ihr erscheint eurem Nachwuchs wie Wesen von einem anderen Stern. Aber in nur kurzer Zeit habt ihr eine innige Beziehung entwickelt und du kannst nun gespannt verfolgen, welche erstaunlichen Fortschritte dein Baby täglich macht. In den ersten Wochen könnte man jedoch fast meinen, das kleine Wesen hätte nichts anderes zu tun, als zu schlafen, zu trinken, zwischendurch ein wenig zu weinen und seine Windel vollzumachen. Aber weit gefehlt: Vom Moment der Geburt bis zur Vollendung des 3. Lebensjahres vollziehen sich tiefgreifende Veränderungen und innere Umwälzungen, die dein Kind für den Rest seines Lebens prägen werden. Jeder Tag bringt neue Erfahrungen, die körperliche, geistige und seelische Entwicklung schreitet mit Riesenschritten voran. Dein Kind wird nie wieder so viel lernen, wie in den ersten 3 Lebensjahren und doch kann es sich später an diese Zeit nicht mehr erinnern. Als Vater hast du das große Glück, deinen Nachwuchs auf diesem Weg begleiten zu können.

Die Entwicklung des Babys in den ersten 3 Monaten

Körperliche Entwicklung

Dein Baby macht in den ersten 3 Monaten seines Lebens schon enorme körperliche Fortschritte. Nicht nur was das Gewicht betrifft, auch im Längenwachstum legt es ordentlich zu. Die Sinneswahrnehmung schreitet in dieser Zeit mit großen Schritten voran. Es gibt allerdings bei Neugeborenen erhebliche individuelle Unterschiede, wie schnell die Entwicklung verläuft. Manche Babys sind fix und eilen von einem Meilenstein zum nächsten, andere lassen es gemütlicher angehen und nehmen sich ein wenig mehr Zeit. Oft verläuft die Entwicklung in Schüben, wochenlang passiert wenig, dann plötzlich macht dein Baby einen großen Sprung nach vorne. Unterschiedliche Entwicklungsgeschwindigkeiten sind kein Grund zur Beunruhigung und sind von Mutter Natur so eingerichtet. Ob die Entwicklung deines Kindes normal verläuft oder ob es bedenkliche Abweichungen gibt, wird bei den regelmäßigen Vorsorgeuntersuchungen beim Kinderarzt festgestellt.

Neugeborene wiegen im Durchschnitt bei der Geburt 3,5 kg. Überraschenderweise nehmen sie in den ersten Tagen erst mal nicht zu, sondern verlieren in der Regel sogar etwas Gewicht. Das liegt daran, dass die Ausscheidungen größer sind als die Nahrungsaufnahme. Das ist nicht weiter besorgniserregend, denn das Verdauungssystem muss sich auf den veränderten Lebenswandel außerhalb des Mutterleibes einstellen. Aber schon nach 5 bis 10 Tagen fängt das Baby an, kräftig zuzulegen. Ab dann sind Gewichtszunahmen von 80 g bis 300 g pro Woche normal. Bis zum Alter von acht Wochen ist eine Gewichtszunahme von mindestens 125 g pro Woche

wünschenswert. Im 3. Monat sind es dann durchschnittlich 140 g bis 170 g. Jungen nehmen schneller zu als Mädchen. Am Ende des 3. Monats wiegen Mädchen im Durchschnitt 5.800 g, Jungen dagegen stolze 6.600 g, sie haben ihr Gewicht seit der Geburt also fast verdoppelt.

Parallel zur Gewichtszunahme geht ein Baby auch kräftig in die Länge. Als Faustformel gilt, dass ein Säugling in den ersten 3 Lebensmonaten durchschnittlich 1 mm pro Tag wächst. Das geschieht für die Eltern fast unmerklich, ist aber spätestens dann offensichtlich, wenn der kleine Schatz aus der ersten Garnitur Strampler herausgewachsen ist. Nach 3 Monaten haben Säuglinge in der Regel eine Größe von 55 bis 65 cm erreicht

Sinnesentwicklung

Das Neugeborene ist schon bei der Geburt dazu fähig, eine Menge von Sinneseindrücken wahrzunehmen. Alle Organe zur Sinneswahrnehmung sind aktiv, die Mehrzahl davon wird bereits in der Frühschwangerschaft angelegt. Sie unterliegen aber alle einem Reifungsprozess und müssen sich im Laufe der Zeit erst noch vollständig entwickeln. Das kann unter Umständen Jahre dauern. Bei der Geburt ist das Sehvermögen noch sehr eingeschränkt, das Baby kann zwar Unterschiede zwischen hell und dunkel erkennen, alle anderen Eindrücke werden aber nur unscharf wahrgenommen. Doch die Sehfähigkeit entwickelt sich schnell und der Säugling kann nach wenigen Wochen Gesichter und Dinge im Abstand bis 25 cm scharf sehen. Mit 3 Monaten ist die visuelle Fähigkeit so ausgeprägt, dass dein Kind Gesichter schon aus größerer Entfernung erkennen kann.

Der Hörsinn ist bei der Geburt gut entwickelt, das Baby hat im Bauch der Mutter schon Wochen vorher verschiedene Geräusche wahrgenommen und kann jetzt bereits verschiedene Stimmen zuordnen. Auch die Stimme von Papa kennt es schon. Am liebsten lauscht es den Stimmen seiner Eltern oder ruhiger Musik. Auch leises rhythmisches Trommeln oder monotones Motorgebrumm hört es gerne, denn beides erinnert es an die schöne und sichere Zeit in Mamas Bauch. Laute und leise, hohe und tiefe Töne kann das Kind in den ersten Lebenswochen schon gut unterscheiden.

Motorische Entwicklung

Die motorischen Fähigkeiten des Neugeborenen sind bei der Geburt unterentwickelt. Arm- und Beinbewegungen sind noch unkoordiniert und ziellos. Trotzdem hat das Baby schon einen perfekt ausgebildeten Muskelapparat, denn es hat das Strampeln, Treten und Boxen bereits fleißig im Mutterbauch geübt. Die Bewegungen eines Säuglings beruhen in der ersten Zeit vor allem auf Reflexen. Der angeborene Saug- und Schluckreflex ist für die Nahrungsaufnahme unerlässlich und daher lebensnotwendig. Auch andere Reflexe, wie zum Beispiel der Greifreflex helfen dem Kind zwar bei der motorischen Entwicklung, sind aber noch nicht vom Willen gesteuert. Sogar das sogenannte Engelslächeln ist ein Reflex. Wenn das Baby am Lebensanfang lächelt, ist das noch zufällig und nicht gewollt. Aber schon mit 6 Wochen hat dein Kind so viel Kontrolle über seine Gesichtsmuskulatur erlangt, dass es dir ein erstes Lächeln schenkt – ein ganz besonderer Moment für Mama und Papa. Der Lohn für schlaflose Nächte!

Bald lernt der Säugling auch, seine anderen Bewegungen zu koordinieren. Durch das ständige Training der Nackenmuskulatur kann es am Ende des 1. Monats kurz seinen Kopf anheben. Mit drei Monaten kann es den Kopf schon für eine Minute halten. Aber die Eltern müssen Kopf und Rumpf während dieser Zeit immer helfend unterstützen. Auch Arme und Beine werden zunehmend zielgerichtet eingesetzt. Sind sie zu Beginn noch eng an den Körper angezogen, so streckt sich jetzt das Baby mehr und mehr. Auch der Rücken ist nicht mehr gekrümmt wie bei einem Embryo, sondern geht in eine Streckhaltung über. Das Kind lernt seinen Körper kennen und trainiert seinen Bewegungsapparat durch fleißiges Strampeln. Die Hände werden zunehmend interessant und in Bewegungsabläufe einbezogen. Werden sie am Ende des ersten Monats nur in den Mund gesteckt und belutscht, so kann dein Kind am Ende des 3. Monats schon Gegenstände kurze Zeit festhalten. Legst du dein Baby auf die Seite, kann es sich jetzt allein auf den Rücken drehen.

Sprachentwicklung

Fast unmerklich setzt auch die Sprachentwicklung schon bei einem Neugeborenen ein. Das zeigt sich zu Beginn aber nur im lautstarken Schreien deines Nachwuchses. Trotzdem werden hier bereits die Stimmbänder für später kräftig trainiert. Erstaunlicherweise kann ein Säugling schon im ersten Monat die Gefühle hinter dem Klang der Stimmen verstehen. Es kann also zum Beispiel unterscheiden, ob du glücklich oder ärgerlich bist – eine enorme Leistung für so ein winziges Wesen. Die Entwicklung der Sprache nimmt dann ungehemmt ihren Lauf, bis zum 3. Monat kann sich dein Baby schon in gewisser Weise artikulieren. Unwohlsein wird durch weinen oder schreien ausgedrückt, wenn es zufrieden ist, kann es gurren. „Rrrrr" oder „Grrrr" sind Lautäußerungen, die du nun regelmäßig hören wirst. Auch die Geschwindigkeit der Sprachentwicklung ist individuell verschieden. Bei manchen Babys geht es schneller als bei anderen. Du kannst dein Kind sanft fördern, indem du bei jeder Gelegenheit mit ihm sprichst. Wickeln, Baden oder Spielen sind alles Gelegenheiten, ihm zu erzählen, was gerade passiert und wie es weitergeht. Kommentiere, was das Kind macht und scheue dich auch nicht vor Babysprache! „Gugu Gaga" mag sich für Außenstehende seltsam anhören, für dein Baby ist es eine wichtige Hilfe zum Erlernen von Sprache. Du wirst sehen, wie es gebannt an deinen Lippen hängt.

Wie kannst du dein Kind vom 1. bis 3. Monat spielerisch fördern?

Mit wenigen einfachen Mitteln kannst du der Entwicklung deines Babys sanft unter die Arme greifen. Im Spiel solltest du dich immer in das Kind hineinversetzen und auf seine Bedürfnisse eingehen. Ob ihm etwas gefällt oder nicht, kann es dir auch schon im Alter von 3 Monaten deutlich mitteilen. Wichtiger als ein großes Arsenal von Babyspielzeug sind in den ersten Wochen die Gesichter der Eltern. Sie zu entdecken, ist für den Säugling ein spannender Vorgang. Halte dein Gesicht im Abstand von 20 bis 25 cm, komme dann näher und lasse es anfassen. Das kannst du wiederholen, bis dein Kind genug davon hat. Beim Wickeln kannst du die Füße hin und her bewegen, das ist gut für die Motorik. Einfache Spielsachen wie Rasseln und Mobiles über dem Bett fördern die Sinnesentwicklung. Einen großen Gefallen tust du deinem Baby, indem du einfach viel Zeit mit ihm verbringst und es mit Zärtlichkeit verwöhnst. Denn Papas Arme geben Geborgenheit und stärken dadurch das Urvertrauen. Mit der Gewissheit des schützenden Schirmes der Eltern lässt sich später die ganze Welt erobern!

Die Entwicklung des Babys vom 4. bis zum 6. Monat
Körperliche Entwicklung

Auch vom 4. bis zum 6. Monat kannst du eine durchschnittliche Gewichtszunahme von 140 g bis 170 g pro Woche erwarten. Jungen wiegen im 4. Monat im Mittel schon 7.000 g, Mädchen sind mit durchschnittlich 6.400 g etwas leichter. Am Ende des 6. Monats wiegt ein kleiner Mann dann beinahe 8 kg und ein Mädchen durchschnittlich 7.300 g. Jetzt wird das Tragen des Kindes wesentlich beschwerlicher als in der Anfangszeit.

Auch in der Körpergröße geht es stetig voran. Jeden Monat wächst dein Kind ungefähr 2 cm in die Länge. Mädchen sind im 4. Lebensmonat im Mittel 62 cm groß, die Jungen sind rund 2 cm größer. Abweichungen von 4 cm nach oben oder unten fallen in den Normalbereich und geben keinen Anlass zur Sorge. Nach den ersten 6 Lebensmonaten nimmt dann die Rate der Gewichtszunahme und des Größenwachstums ab, das Wachstum geht aber kontinuierlich weiter.

Sinnesentwicklung

Ist die Wahrnehmung in den ersten 3 Lebensmonaten noch nicht ausdifferenziert, so schärfen sich jetzt die Sinne des Kindes durch die körperliche Entwicklung und durch tägliche Übung. Alles in der näheren Umgebung wird genau inspiziert. Sei es ein vorbeirollender Ball oder ein anderes Spielzeug: Die Augen und der Kopf sind jetzt sehr beweglich und können Gegenstände, die sich schnell bewegen, gut verfolgen. Auch die Koordination von Auge und Hand gelingt von Tag zu Tag besser: Nach Spielzeug wird jetzt gezielt gegriffen.

Das Hörvermögen macht in dieser Zeit gewaltige Fortschritte und steht im engen Zusammenhang mit der Sprachentwicklung. Bisher konnte dein Baby nur die Tonlage und Sprachmelodie unterscheiden, das heißt, ob du fröhlich, ärgerlich oder gestresst bist. Jetzt fängt es an, den Sinn von bestimmten Klangeinheiten zu verstehen. Das Kleinkind macht die weitreichende Entdeckung, dass Sprache zur Kommunikation eingesetzt werden kann. Du kannst diese Entwicklung unterstützen, indem du dein Kind mit einer bunten Welt von Lauten umgibst. Vor allem natürlich Sprache, aber auch Musik, Geschirrgeklapper und viel anderen Geräusche des täglichen Lebens regen die Neugierde und die Entdeckungslust deines Nachwuchses an.

Der Tastsinn entwickelt sich vom 4. bis zum 6. Monat enorm weiter. Alle Gegenstände, die in erreichbarer Nähe sind, werden eingehend untersucht und erforscht. Nicht nur mit den Händen, sondern auch mit dem Mund. Dein Baby lernt spielerisch, ein Gefühl für verschiedene Oberflächen und

Materialien zu bekommen. Ganz wichtig in dieser Zeit ist immer noch der intensive Körperkontakt. Durch Kuscheln und Schmusen wird nicht nur der Tastsinn geschärft, Kleinkinder lernen dadurch auch ihren Körper besser kennen.

Motorische Entwicklung

Die Wachphasen deines Babys werden länger und dein Kind legt jetzt richtig los. Es strampelt viel und probiert ständig neue Bewegungen aus. Es spielt viel mit den Händen und Füßen. Alle Muskelgruppen werden dadurch trainiert und gefestigt. Nacken und Rücken sind jetzt kräftig genug, um den Kopf stützen können. Mit 6 Monaten sind die meisten Kinder fähig, den Kopf ruhig und gerade zu halten. Für kurze Momente kann dein Baby jetzt auch schon alleine sitzen. Aber Vorsicht: Der Gleichgewichtssinn ist noch unterentwickelt, deshalb musst du immer dabei sein, wenn dein Baby sitzt. Auch auf reichliche Stütze und Polsterung solltest du achten, denn es wird noch oft umfallen, bevor es gelernt hat, sich sicher aufrecht zu halten. Von häufigem Sitzen in diesem Alter wird allerdings von Ärzten abgeraten: Die Wirbelsäule hat sich noch nicht ausreichend gestreckt, das kann später zu Haltungsschäden führen. Auch hier gilt: Geduld haben und nichts überstürzen, die Dinge entwickeln sich, wie von Mutter Natur vorgesehen.

Die Vorbereitung auf das spätere Stehen beginnt jetzt schon. Stellst du die Füße des Babys auf den Boden, versteift es seine Beine und drückt sie durch. Bis zu den ersten selbstständigen Schritten vergehen allerdings noch einige Monate.

In der Zeit vom 4. bis 6. Monat lernt dein Kind auch, sich zum ersten Mal selbstständig herumzurollen. Mit sanfter Unterstützung gelingt es ihm jetzt, sich von der Bauchlage auf den Rücken zu drehen. Auch die umgekehrte Richtung schafft es bald, obwohl das mehr Anstrengung und Konzentration erfordert. Mit der neu erreichten Beweglichkeit wächst die Gefahr, dass sich dein Baby verletzt. Es sollte zum Beispiel niemals unbeaufsichtigt auf dem Wickeltisch liegen, denn Stürze aus dieser Höhe sind die häufigsten Unfallursachen in diesem Alter und können zu schweren Verletzungen führen. Bis zum Ende des 6. Monats haben die meisten Kinder gelernt, sich nach beiden Seiten zu rollen, ein großer Fortschritt in der Beweglichkeit.

Faszinierend ist auch zu beobachten, wie die Koordination von Auge und Hand immer besser wird. Im Laufe dieser Wochen lernt dein Kind, zielsicher nach Gegenständen zu greifen und sie festzuhalten.

Sprachliche Entwicklung

Es ist schon erstaunlich, wie schnell sich die Fähigkeiten des Babys verbessern und wie es immer mehr mit seiner Umwelt in Kontakt tritt. Alles ist für dein Kind interessant und alle Eindrücke werden gierig aufgesogen. Es lernt, sich nach Stimmen und Geräuschen umzudrehen, hört aufmerksam zu, wenn du mit ihm redest und erkennt seinen eigenen Namen. Gleichzeitig experimentiert es auch mit seinen Möglichkeiten, sich zu artikulieren. Es kräht und brabbelt, wenn du mit ihm redest und versucht, Geräusche zu

imitieren. Ganz fixe Kleinkinder können in diesem Alter schon anfangen zu plappern oder Silben kombinieren. Es ist also gut möglich, dass du jetzt das erste Mal „Mama" oder „Dada" aus dem Munde deines Babys vernimmst. Es dauert aber noch eine Weile, bis es diese Silbenkombinationen zielgerichtet einsetzen kann. Eine der schönsten Entwicklungen in dieser Zeit ist das stimmhafte Lachen. Jetzt wirst du jede Möglichkeit nutzen, dein Baby zum Lachen zu bringen, denn natürlich lacht nur dein Kind so lustig und aus tiefer Seele.

Wie kannst du dein Kind vom 4. bis 6. Monat spielerisch fördern?

Dein Baby findet jede Art von Aufmerksamkeit und Zuwendung toll. Reden, Singen und Musik fördern die Entwicklung der Sinne. Einfache Musikinstrumente wie ein Kinder-Xylofon oder ein Triangel sind sehr gut geeignet, das Gehör zu trainieren. Auch mit Quietsche-Enten und Rasseln könnt ihr gemeinsam jede Menge Spaß haben. Die motorische Entwicklung kannst du fördern, indem du mit deinem Baby Flugzeug spielst oder es unter den Achseln hebst und mit ihm zusammen sanft einen weichen Ball kickst. Auch alle anderen Spiele, die Hände, Füße und den Körper einbeziehen, helfen der Koordinationsfähigkeit und dem Gleichgewichtssinn. Vergnügungen wie Hoppe-Hoppe-Reiter sind für Vater und Kind tolle Gelegenheiten, Zeit miteinander zu verbringen.

Die Entwicklung des Babys vom 7. bis zum 9. Monat

Körperliche Entwicklung

Nach den enormen Wachstumsschüben in den ersten 6 Monaten, flacht die Wachstumskurve im zweiten Lebenshalbjahr etwas ab. Das gilt sowohl für das Gewicht als auch für die Körpergröße. Die wöchentliche Gewichtszunahme liegt nun bei etwa 80 bis 100 Gramm. Das Durchschnittsgewicht für Mädchen beträgt im 8. Monat 7.900 g, im 9. Monat 8.200 g. Jungen sind im Mittel rund 600 g schwerer. Die durchschnittliche Größe liegt im 8. Lebensmonat bei beiden Geschlechtern bei circa 70 cm.

Bei einigen Babys fängt es bereits im 4. Monat an, doch im Normalfall beginnt ab dem 7. Monat ein neuer Wachstumsprozess: das Zahnen. Zwar sind bei Babys die Milchzähne schon vor der Geburt angelegt, sie schieben sich aber erst jetzt so weit vor, dass sie langsam durchbrechen. In der Regel zeigen sich zuerst die zwei mittleren Schneidezähne im Unterkiefer, dann folgen die Schneidezähne im Oberkiefer. Die Eck- und Backenzähne kommen danach. Die Bildung des Milchgebisses ist ein langwieriger Prozess und findet erst im Alter von 2 bis 3 Jahren seinen Abschluss. Vor allem in der Anfangsphase des Zahnens kannst du dich auf eine unruhige Zeit einstellen. Häufige Begleiterscheinungen sind verstärktes Quengeln, unruhiger Schlaf und verminderter Appetit. Dein Baby sabbert vermehrt und kaut auf jedem erreichbaren Gegenstand herum. Dazu kommen oft Durchfall und eine erhöhte Körpertemperatur, die sich in heißen und geröteten Wangen ausdrückt. Dein armer Schatz hat Schmerzen, deshalb braucht dein Kind in dieser Zeit viel Körperkontakt und Trost. Gar nicht so einfach für dich als Vater nach einer miserablen Nacht zärtlich und fürsorglich zu sein, wenn du selbst buchstäblich auf dem Zahnfleisch gehst! Aber ihr werdet gemeinsam auch diese Phase überstehen – nach dem schwierigen Durchbruch der ersten Zähne kommen die folgenden oft leichter und manchmal fast unmerklich nach.

Es gibt verschiedene Möglichkeiten, deinem Kind das Zahnen etwas zu erleichtern: Vielen Babys hilft eine sanfte Zahnfleischmassage, auch ein gekühlter Beißring kann für Schmerzlinderung sorgen. Als altes Hausmittel gelten Lebensmittel wie hartes Brot, Apfel Schnitze oder Karotten, auf denen das Kind nach Herzenslust herumkauen kann. Hier musst du allerdings sehr aufpassen, dass es sich nicht verschluckt. Viele Eltern und Hebammen schwören auch auf den Einsatz von homöopathischen Mitteln oder einer Bernsteinkette, deren Gehalt an ätherischen Ölen das Zahnen für dein Baby leichter machen soll. Hier heißt es: Probieren geht über Studieren, zusammen werdet ihr herausfinden, was deinem Schatz am besten hilft.

Sinnesentwicklung

Aufmerksam nimmt dein Kind alle Eindrücke aus seiner Umgebung wahr. Jetzt wird die Welt auch immer mehr aktiv erforscht. Das Sehvermögen ist zunehmend ausdifferenziert. Gegenstände, die sich schnell bewegen oder Dinge, die weiter entfernt sind, können sehr gut wahrgenommen werden. Waren bisher die Hände und der Mund die wichtigsten Werkzeuge, um die Umgebung zu erkunden, werden jetzt zunehmend die Augen eingesetzt. Weil es so viel Interessantes zu entdecken gibt, droht die Gefahr von

Reizüberflutung. Zu viele Eindrücke auf einmal wirken auf das Baby verwirrend und können zu Unruhe und Quengelei führen. Bewegte Bilder vom Fernseher oder Computerbildschirm sollten bis zum Alter von 2 Jahren tabu sein. Das Kleinkinderhirn ist noch nicht in der Lage, die Flut von Eindrücken zu verarbeiten.

Zeitgleich mit dem Sehvermögen hat sich auch das Gehör in den letzten Wochen noch mehr verfeinert. Das Hörvermögen ist zwar schon in den ersten Lebenswochen voll entwickelt, das Verständnis für Geräusche und deren Einordnung dauert aber seine Zeit. Mit 8 Monaten reagiert das Kind auch auf sehr leise Töne und kann klar erkennen, woher Laute kommen. Auch hat es inzwischen gelernt, dass es selbst Geräusche produzieren kann. So wird es jeden verfügbaren Gegenstand zur Trommel umfunktionieren und sich dabei prächtig amüsieren.

Tastsinn und Koordination entwickeln sich kontinuierlich weiter. Jetzt beginnt dein Kind sogar, Gegenstände zwischen Daumen und Zeigefinger zu greifen. Das ist der sogenannte Pinzettengriff, der deutlich zeigt, wie schnell sich die Feinmotorik bei Säuglingen über wenige Monate entwickeln kann. Gegenstände werden immer noch gerne von der Hand in den Mund genommen, um sie einer genauen Untersuchung zu unterziehen. Dagegen ist auch nichts einzuwenden, solange die Dinge einwandfrei sauber und ungefährlich sind. Keimherde wie Geldstücke oder Murmeln, die dein Spatz verschlucken könnte, müssen außerhalb der Reichweite von Kinderhänden sein.

Motorische Entwicklung

Konnte eure Wohnung bis jetzt noch relativ unverändert bleiben, um eurem Nachwuchs ein geeignetes zu Hause zu bieten, so wird es nun Zeit für das sogenannte Baby-proofing. Alles, was dein Baby erreichen kann und was ihm gefährlich werden könnte, muss jetzt in Sicherheit gebracht werden. Denn war der Bewegungsraum bisher noch eingeschränkt, wird seine Welt auf einmal sehr viel größer: Nicht nur kann dein Kind demnächst frei sitzen, es fängt jetzt auch an, sich selbstständig fortzubewegen. Ab dem 8. Monat sind viele Kinder schon in der Lage zu robben, im 9. Monat beginnen die meisten zu krabbeln. Sie können sich an Möbelstücken hochziehen, für freies Stehen muss sich der Gleichgewichtssinn aber erst noch weiterentwickeln. Jetzt wird alles ausgeräumt, was irgendwie erreichbar ist. Schubladen, Regale, Blumentöpfe oder der Futternapf eurer Katze, alles ist überaus faszinierend und wird untersucht. Jetzt heißt es: Umräumen, Hochstellen, kippelige Möbelstücke sichern und Sicherungsclips an Schubladen anbringen. Auch scharfe Kanten an niedrigen Tischen oder Kommoden müssen entschärft werden. Dafür gibt es Klebeecken im Handel zu kaufen.

Gegenstände werden nun erfolgreich und zielgerichtet mit beiden Händen gegriffen. Und dein Kind macht gleichzeitig eine neue umwerfende Erfahrung, nämlich die Entdeckung von Ursache und Wirkung: Lasse ich einen Gegenstand los, dann fällt er nach unten – und Papa muss sich bücken, um ihn wieder aufzuheben. Was für ein tolles Spiel! Das kann dein Kind nun stundenlang spielen, bis du die Nerven verlierst oder erschöpft zusammenbrichst! Nichtsdestotrotz hat dein kleiner Schatz einen weiteren wichtigen Meilenstein gemeistert und ihr könnt gemeinsam stolz darauf sein.

Noch etwas beherrschen die meisten Kinder im Alter von 9 Monaten: das Winken zum Abschied. Wenn du nun morgens auf dem Weg zur Arbeit mit einem fröhlichen Winke-Winke verabschiedet wirst, dann ist auch das, reiche Entschädigung für mitunter anstrengende Wochen und Monate.

Sprachliche Entwicklung

Wenn die Lautäußerungen deines Babys bis jetzt hauptsächlich aus einigen unzusammenhängenden Silben und Brabbel- oder Krählauten bestanden, so macht es nun auch in der Sprachentwicklung einen gewaltigen Sprung. Es plappert fröhlich vor sich hin und kann die Lautstärke und Tonhöhe selbstständig steuern. Die Silben werden deutlicher artikuliert und bilden fast schon einen Redefluss. Noch ohne Sinn, dennoch wird hier schon fleißig für die zusammenhängende Sprache geübt. Jetzt fängt dein Kind auch an zu begreifen, dass bestimmte Worte einem bestimmten Gegenstand zugeordnet sind. Das runde Etwas hat nun einen Namen: Ball. In wenigen Wochen wird es auch die Bedeutung einfacher Sätze erfassen: Die Aufforderung: „Gib mir den Ball" verstehen die meisten Kinder am Ende des ersten Lebensjahres.

Fremdeln

War dein Baby bis jetzt zu allen Personen gleichermaßen freundlich und aufgeschlossen, ändert es sein Verhalten oft in der Phase vom 7. zum 9. Monat. Plötzlich weigert es sich, von anderen Personen als von Mama oder Papa auf den Arm genommen zu werden. Das können auch bisher vertraute Menschen wie die Großeltern oder die Babysitterin sein. Zum Teil heftige Abwehrreaktionen und lautes Geschrei können für die so Abgelehnten durchaus irritierend sein. Der Grund für den Sinneswandel liegt in einem weiteren Entwicklungsschritt, den Kinder in diesem Alter durchmachen: Dein Kind hat gelernt, vertraute Gesichter von unvertrauten deutlich zu unterscheiden und entsprechend zu reagieren. Das Fremdeln findet seinen Höhepunkt üblicherweise im 2. Lebensjahr und verschwindet im 3. Lebensjahr wieder. Auch hier gibt es von Kind zu Kind große Unterschiede.

Wie kannst du dein Baby vom 7. bis 9. Monat spielerisch fördern?

Eine Lieblingsbeschäftigung deines Kindes ist es, Dinge auf ihre Beschaffenheit zu untersuchen. Dafür braucht es kein sündhaft teures Spielzeug. Einfache Gegenstände aus dem Haushalt oder selbst gemachte Rasseln können dein Kind für lange Zeit beschäftigen. Auch ein Überangebot an Spielsachen führt nur zu Reizüberflutung – weniger ist manchmal mehr. Wenn du ein Spielzeug außerhalb der Reichweite des Babys hinlegst, regst du es zum Krabbeln an. Denn es wird alles daransetzen, dieses spannende Etwas zu erreichen, um herauszufinden, wie es sich anfühlt und schmeckt.

Die Entwicklung des Babys vom 10. bis zum 12. Monat

Körperliche Entwicklung

Die Gewichtszunahme und das Körperwachstum schreiten unvermindert voran. Die Rate des Längenwachstums beträgt immer noch ungefähr 2 cm pro Monat. Außenstehende, die dein Kind nicht jeden Tag sehen, werden es kaum glauben können, wie groß es schon geworden ist.

Zwischen dem 10. Monat und dem ersten Geburtstag kannst du erwarten, dass das Baby von rund 70 cm auf 80 cm wächst. Das Gewicht hat sich seit der Geburt fast verdreifacht. Mädchen wiegen am Ende des 12. Lebensmonats durchschnittlich 8.900 g, Jungen dagegen rund 9.600 g. Wie schon erwähnt, sind diese Angaben nur Anhaltswerte. Abweichungen nach oben oder unten sind völlig normal. Solltest du dir in dieser Zeit Sorgen machen, dass euer Schatz zu schwer ist oder nicht genügend zunimmt, dann solltest du mit dem Kinderarzt darüber sprechen.

Sinnesentwicklung

Mit 12 Monaten ist die Sehfähigkeit eines Kindes so gut wie ausgereift. Die Wahrnehmung hat sich erheblich verschärft. Egal, ob sehr kleine Dinge oder Gegenstände die weit entfernt sind, alles wird mit flinken und scharfen Augen betrachtet. Auch Objekte, die sich blitzschnell bewegen, werden aufmerksam verfolgt. Diese Entwicklung geht Hand in Hand mit der verbesserten Koordination und Beweglichkeit. Bemerkt dein Kind einen Gegenstand am anderen Ende des Wohnzimmers, so gibt es kein Halten mehr. Erst wenn es dorthin gekrabbelt ist und ihn in die Finger genommen hat, ist es zufrieden. Der Tastsinn ist mittlerweile so ausgereift, dass eine genaue Untersuchung mit den Händen deinem Kind eine Menge Informationen vermittelt.

Motorische Entwicklung

Kaum zu glauben, aber dein kleiner Fratz hat sich über die letzten Monate zu einer richtigen Persönlichkeit mit eigenem Charakter entwickelt. Im 10. Monat ist dein Baby nun schon viel unabhängiger und ist ständig auf Entdeckungstour, um seine Welt für sich zu entdecken. Mittlerweile kann es alleine sicher sitzen, sich dabei umschauen und beugt sich sogar in dieser Haltung nach vorne, ohne umzufallen. Im Sitzen lässt sich die Umgebung gut erforschen. Besser geht das natürlich noch, wenn man sich auf Expedition begibt. Das Krabbeln klappt jetzt schon hervorragend und mit erstaunlicher Geschwindigkeit. Die Entdeckungslust macht auch vor Treppenstufen nicht halt. Das Hoch- oder Runter klettern sollte nur unter Aufsicht stattfinden, denn noch ist das Gleichgewicht schnell verloren.

Der nächste große Meilenstein in der Entwicklung lässt jetzt nicht mehr lange auf sich warten: der aufrechte Gang. Hangelt sich dein Kind im 10. Monat noch an Möbelstücken entlang oder wagt ein paar zaghafte Schritte an deiner Hand, so lernt es in den folgenden 2 Monaten frei zu stehen. Dann ist es auch nicht mehr weit bis zu den ersten Schritten. Manche Kinder schaffen das bis zum 1. Geburtstag, bei den meisten kommt der große Moment am Anfang des zweiten Lebensjahres. Auch wenn dein Baby noch nicht alleine laufen kann, so lernt es in dieser Zeit vielleicht schon aus dem Stand in die Knie zu gehen und Gegenstände vom Boden aufzuheben.

Die Geschicklichkeit verbessert sich immer weiter. Dinge werden von einer Hand in die andere gereicht. Das Lieblingsspiel deines Babys heißt jetzt: Ich gebe dir etwas und du gibst es mir zurück. Es werden aber Dinge nicht nur sanft gereicht, sondern mittlerweile auch kräftig geworfen. Der Wurf ist noch nicht zielgerichtet, aber du musst trotzdem schon mal in Deckung gehen, wenn der Trinkbecher unvermittelt in deine Richtung geflogen kommt! Inzwischen hat dein Baby auch gelernt, mit dem Löffel oder der Trinklernflasche umzugehen. Bei genauer Beobachtung kannst du vielleicht jetzt schon erkennen, ob dein Nachwuchs sich zu einem Rechts- oder Linkshänder entwickelt.

Sprachentwicklung

Wie in allen anderen Lebensbereichen ist die Phase zwischen dem 10. und dem 12. Monat auch für die Kommunikationsfähigkeit eine Zeit voller Meilensteine. Durch Zuhören, Beobachten und Nachahmung entwickelt dein Kind ein erstes Verständnis für Sprache und welche Vorteile es bringt, mit der Umwelt zu kommunizieren. Nicht nur durch Gesten und Zeigen teilt dein Spross jetzt seine Wünsche mit, es beginnt bestimmte Gegenstände oder Personen mit Begriffen zu assoziieren. Zum Ende des 12. Monats haben die meisten Babys den Unterschied zwischen Mama und Papa verstanden. Deshalb wirst du ab jetzt korrekt als „Papa" bezeichnet, wenn deine Dienste benötigt werden. Auch selbst gemachte Silbenfolgen werden nun eingesetzt. „Wa-Wa" bedeutet vielleicht Oma und mit „Nam" ist das Essen gemeint. Allerdings unterscheidet das Baby vorerst noch nicht zwischen einzelnen Bezeichnungen, „Nam" bedeutet dann einfach alles, was man mit dem Mund aufnehmen kann, sei es Essen, Trinken oder Spielzeug.

Die weitere Differenzierung erfolgt ein wenig später. Das häufige Plappern und das Bilden wortähnlicher Geräusche sind alles wichtige Übungsschritte auf dem Weg zur Sprachperfektion. Auch das Wort „Nein" nimmt jetzt eine wichtige Bedeutung an. Zum einen lernt das Kind, zu verstehen, dass es etwas nicht darf, auf der anderen Seite kann es damit auch selbst deutlich ausdrücken, wenn es etwas nicht will. Wenn es erst verstanden hat, dass das Schütteln des Kopfes und das Wort die gleiche Bedeutung haben, dann wurde ein wichtiger Entwicklungspunkt erreicht. Die bis jetzt von dir benutzte Babysprache sollte nun der Vergangenheit angehören. Rede mit deinem Kind stattdessen in einfachen Worten und kurzen Sätzen. Erkläre ihm alles, was du in seiner Anwesenheit tust. Auch simple Geschichten sind hervorragend geeignet, die Sprachentwicklung zu fördern.

Wie kannst du dein Baby vom 10. bis 12. Monat spielerisch fördern?

Alles, was die Sinne anregt, hilft deinem Sprössling seinen Horizont zu erweitern. Dafür muss auf dem Spielzeug nicht „pädagogisch wertvoll" aufgedruckt sein. Oft sind die einfachsten Mittel sehr gut geeignet, neugierigen Kindern Anregung zu geben. Am besten geht ihr so viel wie möglich an die frische Luft. Der Satz „es gibt kein schlechtes Wetter, nur ungeeignete Kleidung" hat seine Berechtigung. Gut eingepackt könnt ihr auch bei Wind und Regen euren Spaß haben. Steine, Stöcke, Pfützen, Sand: Was es draußen doch für tolle Spielmöglichkeiten gibt! Gleichzeitig kannst du der Sprachentwicklung auf die Sprünge helfen, indem du alles um euch herum kommentierst. Kein Wunder sind die nächsten Worte nach Mama und Papa oft Baum oder Auto, eben Dinge, die draußen zu sehen sind. Natürlich gibt es auch innerhalb der Wohnung jede Menge Anregung: Jetzt werden Bilderbücher interessant oder du kannst das junge Künstlergenie erstmals mit Wasserfarben und Pinsel experimentieren lassen. Das bunte Ergebnis ist die Schweinerei sicher wert! Zum ersten Geburtstag sind Kinder schon so aufgeweckt, dass sie es lieben, bei allen Tätigkeiten dabei zu sein und zu lernen. Es erfordert zwar manchmal viel Geduld, wenn es jetzt dreimal so lange dauert, die Spülmaschine auszuräumen, du unterstützt die Entwicklung deines Babys sehr, wenn du es „mithelfen" lässt.

Das Kind im 2. Lebensjahr

Ein weiterer großer Meilenstein ist geschafft: Dein Nachwuchs ist ein Jahr alt und ist jetzt kein Baby mehr, sondern ein richtiges Kleinkind. Vieles wird im zweiten Lebensjahr für Eltern und Kind einfacher. Die Schlafphasen werden regelmäßiger und es hat einen Tagesrhythmus gefunden. Die ersten großen Zahnprobleme sind hoffentlich überwunden, sodass dein Schatz auch wieder bessere Laune hat. Durch die größere Beweglichkeit werdet ihr als Eltern auch wieder mobiler und seid nicht so fest eingebunden. Gemeinsam könnt ihr jetzt darangehen, die Welt zu erobern. Das zweite Jahr ist eine Zeit großer Entwicklungen, die für das ganze spätere Leben deines Kindes weitreichende Bedeutung haben.

Körperliche Entwicklung

Zwar haben sich die Wachstumskurven seit der Geburt abgeflacht, dein Kind legt aber trotzdem kontinuierlich zu, was sowohl das Gewicht als auch die Körpergröße betrifft. Am Ende des zweiten Lebensjahres wiegen Kinder im Durchschnitt zwischen 10 und 14 kg und sind zwischen 86 cm und 97 cm groß. Da dein Spross jetzt auch zu laufen beginnt, steht der erste richtige Schuhkauf ins Haus. Die ersten Laufschuhe haben meist eine Schuhgröße zwischen 22 und 24. Die Auswahl an Schuhen ist riesig und es wird gar nicht lange dauern, bis danach das nächste Paar ansteht, denn die kleinen Füßchen wachsen schnell. Das gilt natürlich auch für die Kleidung: Passt deinem Kind an seinem 1. Geburtstag noch eine Kleidergröße 80, so braucht es zum 2. Geburtstag schon Größe 92. Als Eltern kommt man mit dem Kleiderkauf kaum hinterher.

Motorische Entwicklung

Im zweiten Lebensjahr beschleunigt sich die Entwicklungsgeschwindigkeit des Kleinkindes. Nie wieder in seinem Leben wird es so viel lernen und umsetzen wie in diesen Monaten. Der größte Meilenstein findet um den ersten Geburtstag herum statt: Dein Kind kann selbstständig laufen. Erst mit einigen vorsichtigen Schritten und vielerlei Rückschlägen. Doch bald schon mit mehr Sicherheit und immer schneller. Jetzt erfährt die Entdeckungslust noch mal extra Auftrieb. In jeder Ecke der Wohnung gibt es Spannendes zu entdecken. So lernen Kinder schnell, Treppen zu steigen, auf Möbel zu klettern und Dinge durch die Gegend zu tragen. Bis zum Ende des zweiten Lebensjahres lernen sie dann auch, langsam rückwärts und seitwärts zu gehen und sogar zu rennen. Auch einen Ball kann dein kleiner Racker jetzt im Stehen werfen, ohne umzufallen. Liegt der Ball auf dem Boden, wird er sicher mit dem Fuß gekickt.

Auch die Feinmotorik macht gewaltige Fortschritte. Dein Kind beginnt jetzt, einen Stift festzuhalten und hat schon verstanden, dass man damit auf einem Blatt Papier zeichnen kann. Diese kleinen und anfänglich noch sehr abstrakten Werke sind große Schätze und bestimmt der Beginn einer jahrelangen Dauerausstellung wechselnder Kinderkunst an der heimischen Kühlschranktür. Türme werden jetzt fleißig aufgestapelt. Angefangen wird mit 2 Bauklötzen, mit der Hilfe von Papa lassen sich aber auch größere Bauvorhaben bewerkstelligen. Am schönsten ist es natürlich, wenn der Turm mit Riesengetöse zusammenfällt. Die neu erlernte Fingerfertigkeit wird leider auch für Tätigkeiten eingesetzt, die Mama und Papa viele Nerven kosten. Zum Beispiel ist es für dein Kind sehr unterhaltsam, alle erdenklichen Behälter umzukippen und auszuleeren. Tassen, Gläser, Körbchen und sonstige Behältnisse werden erbarmungslos ihres Inhalts entleert. Das geht mittlerweile blitzschnell und so kommt der Putzlappen in dieser Zeit vielfach zum Einsatz. Geduld und Nachsicht ist hier das beste Hilfsmittel!

Sprachliche Entwicklung

Im zweiten Lebensjahr wird das Kind zum Wörtersammler. Mama, Papa und einige andere einfache Begriffe benutzt es vielleicht schon zum ersten Geburtstag, ab jetzt wird aber der Wortschatz ständig erweitert. Durch die tägliche Interaktion mit der Umwelt lernt das Kleinkind neue Wörter dazu, mit denen es dann auch zu experimentieren beginnt. In den kommenden Monaten entdeckt dein Kind die sogenannten Ein-Wort-Sätze. Die schon gelernten Wörter werden zu unterschiedlichen Zwecken eingesetzt. Es lernt, dass es ein Wort sowohl als Bezeichnung, als Frage oder als Aufforderung verwenden kann. Die Geschwindigkeit, mit der ein Kind zu sprechen beginnt, ist aber auch hier wieder individuell sehr unterschiedlich. Manche sind eher wortkarg und benutzen mit eineinhalb Jahren immer nur die 4 gleichen Worte, andere plappern in diesem Alter schon fröhlich vor sich hin. Sei nicht überrascht, wenn du monatelang fast keine sprachlichen Fortschritte bemerkst und dann innerhalb kurzer Zeit mit einem Wortschwall überhäuft wirst. Während viele Kinder die gehörte Sprache gleich ausprobieren wollen und beständig üben, sammeln andere erst mal einen Schatz an Wörtern, den sie dann zur Überraschung der Eltern plötzlich zum Besten geben.

Langsam lernt das Kind jetzt auch, Wörter nach ihrer unterschiedlichen Bedeutung einzusetzen. War „Brumm-Brumm" bisher die Bezeichnung für alle Arten von Fahrzeugen und für die Tätigkeit des Fahrens selbst, so hat es nun bald den Unterschied begriffen und beginnt, die richtigen Begriffe zu verwenden. Mit 18 bis 24 Monaten kann es dann einfache 2 oder 3-Wort Sätze bilden. Jetzt könnt ihr euch schon richtig gut miteinander unterhalten. Auch einfache Aufforderungen werden verstanden: „Hol die Jacke" wird in der Regel gleich befolgt, vor allem auch, weil dein Sprössling auch schon die weitere Bedeutung dieser Worte versteht: jetzt gehts mit Papa raus zum Toben und Spielen.

Soziale Entwicklung

War dein Nachwuchs bis jetzt noch sehr anhänglich und einfach zu überzeugen, so fängt er im zweiten Lebensjahr an, sich zu lösen und die Grenzen auszutesten. Die Entdeckung des Wortes „Nein" gibt deinem Kind vielfältige Möglichkeiten, sich gegen seine Eltern abzugrenzen. Windel wechseln? Nein! Anziehen? Nein! Ins Bett gehen? Nein! Trotzanfälle und Wutausbrüche sind in dieser Zeit keine Seltenheit. Wieder mal eine ganz schön anstrengende Phase für Mama und Papa, aber wichtig für die Entwicklung der Persönlichkeit. Das Kind erkennt sich als selbstständige Person und erfährt sein eigenes ich. Bei aller neu gewonnenen Unabhängigkeit zeigt es aber trotzdem eine große Trennungsangst und ist sehr auf die hauptsächlichen Bezugspersonen fixiert. Gleichzeitig macht es noch eine tolle neue Entdeckung: andere Kinder! Neben Papa und Mama gibt es plötzlich noch andere interessante Wesen! Mit fortschreitendem Alter freuen sich Kinder im 2. Lebensjahr über die Gesellschaft von Spielkameraden. Zuerst spielt dein Spross noch alleine vor sich hin und ist noch in seiner eigenen Welt, aber bald schon entdeckt er, wie toll es ist, zusammen mit anderen Kindern zu spielen und Quatsch zu machen. Auch für dich ist das eine sehr erfreuliche Entwicklung, denn deine Rolle als Alleinunterhalter ist nun nicht mehr ständig gefragt und du hast mehr Zeit für deine eigenen Dinge

Wie kannst du das Kleinkind im 2. Lebensjahr spielerisch fördern?

Um die Entwicklung deines Kindes in dieser Zeit zu unterstützen, kannst du vor allem eines tun: Halte dich auch mal zurück. Kinder brauchen in vielen Bereiche Hilfe, sie wollen aber nicht überbehütet sein und können vieles schon alleine. Die berühmte Kinderpädagogin Maria Montessori hat es auf den Punkt gebracht: „Hilf mir, es selbst zu tun". In dieser Zeit der vielen Entwicklungsschritte werden Kinder schnell selbstständig. Sie entdecken die Welt für sich selbst und lernen im freien Spiel sich in ihr zurechtzufinden. Manchmal auch ohne Papa oder Mama, dafür zunehmend mit den neu gewonnenen Spielkameraden.

Zum Lauftraining sind im 2. Lebensjahr Spielzeugtiere zum hinterherziehen gut geeignet, das trainiert die Balance und die Koordination. Etwas später kann eventuell auch das erste Laufrad dazu kommen. Wenn ihr zusammenspielt, dann sind jetzt Bauklötze sehr geeignet, die Fantasie anzuregen. Auch farbliche Steckspiele und ganz einfache Puzzles machen viel Spaß. Und Bilderbücher mit Papa anzuschauen, ist natürlich das Größte. Was gibt es da nicht alles zu entdecken und der Wortschatz explodiert förmlich, je mehr ihr euch mit den Büchern beschäftigt.

Auch der Spielplatz wird jetzt zunehmend interessant. Nicht nur gibt es dort die Möglichkeit, das Klettern und Rutschen zu üben, es gibt auch andere Kinder, mit denen die ersten Freundschaften geknüpft werden können. Draußen könnt ihr euch einfach am besten austoben.

Das Kind im 3. Lebensjahr

Motorische Entwicklung

Auch das 3. Lebensjahr bringt jede Menge Fortschritte in der Entwicklung deines Kindes mit sich. Alles, was es in den letzten Monaten gelernt hat, wird jetzt verfeinert und vertieft. Das Laufen ist mittlerweile selbstverständlich, dazu kommen neue Fähigkeiten wie Rennen, Treppen steigen und Klettern. Sogar auf den Zehenspitzen kann es jetzt stehen. Durch tägliche Übung wird dein Nachwuchs immer geschickter, fällt nicht mehr so oft hin und tut sich auch nicht mehr so oft weh. Zunehmend werden Fahrzeuge interessant, der erste Roller, das Bobbycar oder ein Dreirad werden ausgiebig benutzt. Wie schnell doch die Zeit vergangen ist: Vor kurzem lag dein Neugeborenes noch hilflos in seinem Bettchen, jetzt flitzt schon ein richtiges Kleinkind unermüdlich mit seinen Spielkameraden über den Spielplatz, mit jeder Menge Unfug im Kopf!

Auch die Feinmotorik macht im 3. Jahr entscheidende Fortschritte. Der Turmbau klappt jetzt schon ohne fremde Hilfe und 8 Klötze aufeinanderzuschichten ist kein Problem mehr. Dein Schatz ist jetzt oft damit beschäftigt, Dinge von einem in andere Behälter umzufüllen. Auch der Malstift wird nun sicher gehalten. Inzwischen kann das Kind schon eine Spirale malen, weitere Werke werden nicht nur auf Papier geworfen, oftmals muss auch die Wand als Leinwand herhalten – sehr zum Leidwesen der Eltern! Gegen Ende dieses Jahres sollte es in der Lage sein, den Stift zwischen Daumen und Zeigefinger und nicht mehr im Faustgriff zu halten. Außer Bauklötzen entdeckt es jetzt tolle weitere Spielsachen wie Lego oder die

Holzeisenbahn. Mit etwas Übung gelingt es ihm auch, die Schienen zusammenzufügen und die Magnetwaggons aneinanderzuhängen. Und noch eine erfreuliche Entwicklung findet in dieser Zeit statt: Dein Kind ist jetzt in der Lage, mit Gabel oder Löffel selbstständig zu essen.

Sprachliche Entwicklung

Der Wortschatz wächst und wächst. Dein Kind lernt täglich neue Begriffe dazu. Auch das Verständnis für abstrakte Dinge wie Zeitformen, beginnt sich zu entwickeln. Der aktive Wortschatz eines Kindes zum 3. Geburtstag hin umfasst in der Regel rund 1000 Worte. Der passive Wortschatz ist zu diesem Zeitpunkt schon wesentlich größer. Es lernt, dass man mit Sprache Ereignisse beschreiben kann, die in der Vergangenheit oder in der Zukunft liegen. Oder dass ihr euch über Personen unterhalten könnt, die im Moment nicht anwesend sind. Mit der Aussprache hapert es zwar und auch die Grammatik ist noch durcheinander, aber das macht ja gerade den besonderen Charme der Kleinkind-Sprache aus. „Johanna spielen gewest" erklärt dem Papa anschaulich und verständlich, was heute im Leben deines Kindes passiert ist.

Es werden jetzt verständliche Sätze aus 4 bis 5 Worten gebildet und es versteht im Gegenzug auch Anweisungen, die aus mehreren Teilen bestehen. „Wir gehen zum Auto und fahren zur Oma", solche für ein Kleinkind hoch komplizierte Satzgebilde, fangen an, für das Kinderverständnis Sinn zu machen. Am Ende des 3. Lebensjahres hast du das Gefühl, dass dein Kind fast alles versteht, was du zu ihm sagst. Bereite dich darauf vor, mit Fragen gelöchert zu werden. So viel Spannendes gibt es zu entdecken, es ist jetzt die Aufgabe der Eltern, das „Wieso?" und „Warum?" anschaulich zu erklären.

Soziale und emotionale Entwicklung

Was sich im zweiten Lebensjahr schon angedeutet hat, erfährt zwischen dem zweiten und dritten Geburtstag seinen Höhepunkt: die Trotzphase. Im englischsprachigen Raum wird diese Zeit gerne als „the terrible two" bezeichnet. Das ist die Phase, wo dein Spross zu plötzlichen Wutausbrüchen neigt, sobald es seinen Willen nicht bekommt und sich eine Verweigerungstaktik zulegt, die alle Bereiche des Lebens umfasst. Für die Eltern kann das ganz schön anstrengend sein und dein Nachwuchs bringt dich in dieser Zeit öfter mal innerlich zur Weißglut. Hier ist Geduld und Verhandlungsgeschick gefordert. Aber auch das ist nur eine Phase im Leben deines Zöglings, die es zur Persönlichkeitsentwicklung durchlaufen muss. Der einzige Trost ist, dass alle anderen Kinder und Eltern dasselbe durchmachen. Im vierten Lebensjahr wird dein Kind dann im Allgemeinen wieder kooperativer. Die Entdeckung der eigenen Persönlichkeit zeigt sich auch darin, dass es lernt „Ich" und seinen Namen zu sagen.

Bei allen Abgrenzungsbestrebungen weiß dein Kind natürlich immer noch genau, wer seine Hauptbezugspersonen sind. Hat es sich wehgetan oder hat es Angst, dann wird sich der kleine Trotzkopf schnell in Papas oder Mamas Arme flüchten und Trost suchen. Zum Spielen oder Toben gibt es natürlich immer noch keinen Tolleren als Papa – auch wenn sich jetzt erste

Freundschaften mit anderen Kindern anbahnen. Fangen zu spielen macht bald auch mit Gleichaltrigen Spaß!

Etliche Zweijährige beginnen auch schon, sich fürs Töpfchen zu interessieren und viele Kinder brauchen am 3. Geburtstag nur noch nachts eine Windel oder sogar gar keine mehr. Viel Lob hilft, diese Entwicklung zu unterstützen, aber auch hier musst du nichts überstürzen. Jedes Kind entwickelt sich mit unterschiedlicher Geschwindigkeit, Druck und Zwang können später zu emotionalen Problemen führen.

Wie kann ich mein Kind im 3. Lebensjahr fördern?

Toben, klettern, rennen und laufen sind die Dinge, die dein Kind jetzt braucht; und das am besten draußen an der frischen Luft. Durch das Herumklettern finden Kinder ihre Balance und lernen die Koordination von Auge und Körper. Durch dieses Übungsprogramm werden sie geschickte Kletteraffen und wissen bald genau, wie man sich richtig festhält. Dadurch lernen sie, sich wesentlich weniger zu verletzen als überbehütete Kinder. Kleinere Schrammen sind nicht schlimm, du musst nur danebenstehen, wenn es richtig gefährlich ist. Ansonsten ist es besser, wenn du dich etwas mit Hilfestellung zurückhältst, solange dein Spross die Welt entdeckt. Deine Rolle ist die des Assistenten, wenn es am Klettergerüst nicht weitergeht oder als Tröster, wenn dein Kind mal wieder hingefallen ist.
Aber auch drinnen gibt es viel zu lernen. Die Sprachförderung lässt sich mit Bilderbüchern hervorragend unterstützen. Wimmelbücher erweitern den Wortschatz ungemein, andere Bilderbücher helfen dem Kind, bildlich

dargestellte Handlungsabläufe zu verstehen und in Worte zu fassen. Dann fängt es bald von ganz alleine an, seine eigenen Geschichten zu erzählen. Reime und Kinderlieder sind eine gute Möglichkeit, deinem Nachwuchs ein natürliches Sprachgefühl und eine musische Grunderziehung zu vermitteln.

Es wird dir nicht schwerfallen, dein Kind spielerisch in einfache Hausarbeiten mit einzubeziehen. Früh übt sich, wer ein Meister werden will und dein kleiner Schatz findet es ganz toll, wenn er mithelfen kann, den Tisch zu decken oder Wäsche in die Waschmaschine zu legen. Ganz spielerisch wird hier Wichtiges vermittelt.

Die Rolle des Vaters

Die Rolle des Mannes als Vater gibt es offensichtlich seit Beginn der menschlichen Geschichte, denn ohne unsere Väter und Vorväter wäre es mit der Spezies Mensch nicht sehr weit gekommen! Überraschenderweise war es für Tausende von Jahren gar nicht bekannt, dass der Mann zur Zeugung eines Kindes überhaupt benötigt wird. Doch nicht nur bei der Entstehung eines neuen Erdenbürgers, auch bei der Erziehung, der emotionalen, körperlichen und geistigen Entwicklung, hat der Vater entscheidende Anteile beizutragen. In welcher Weise Väter am Leben ihrer Kinder beteiligt sind, hat sich im Laufe der Jahrhunderte stark verändert. Es gab schon immer liebevolle, dem Kind zugewandte oder auf der anderen Seite völlig abwesende Väter, die keinerlei Interesse an ihrem Nachwuchs hatten. Inwieweit sich die Väter aber als Bezugsperson, Erzieher und Vertrauensperson in das Leben ihrer Kinder einbringen konnten und können, hing auch immer von gesellschaftlichen und materiellen Umständen ab. Das ist auch heute noch so. Der Vater als verständnisvoller Wegbegleiter, der Zeit hat, sich um sein Kind zu kümmern, der mit ihm spielt und es umsorgt, ist ein relativ neues Phänomen. Im folgenden Kapitel bekommst du einen Überblick, wie sich die Rolle des Vaters im Laufe der Zivilisationsgeschichte verändert hat. In der Neuzeit hat sich die Gesellschaft – zumindest in der westlichen Welt – so weit modernisiert, dass Väter inzwischen in vielen Fällen die Freiheit haben, ein für sie passendes Vatermodell auszuwählen. Vier sehr häufige Modelle werden hier näher beleuchtet, alle haben unterschiedliche Einflüsse auf das Leben deines Kindes, das deiner

Partnerin und natürlich auf dein eigenes. Es gibt viele Zwischenformen und Überschneidungen, oft wechseln sich die verschiedenen Modelle im Laufe der Zeit auch ab. Alle haben Vor- und Nachteile, die näher beschrieben werden. Eines ist sicher: Eine gelungene Kindheit ist mit allen genannten Vaterrollen möglich, wenn das Kind auf seinem Weg liebevoll und aufmerksam begleitet wird.

Die Rolle des Vaters im Lauf der Geschichte
Der Vater in der Urzeit

In grauer Vorzeit wurde allein der Frau die Fortpflanzungsfähigkeit zugeschrieben. Unsere Urahnen konnten den Zusammenhang zwischen Geschlechtsakt und Geburt noch nicht begreifen. Der zeitliche Abstand zwischen sexueller Handlung und der Ankunft eines Kindes ist so groß, dass die Menschen der Alt- und Mittelsteinzeit die gedankliche Verbindung von Ursache und Wirkung nicht herstellen konnten. Da der Vermehrung aber ein hoher Wert zukam, hatten Frauen in der damaligen Gesellschaft eine hohe Stellung und übernahmen Führungspositionen. Die Männer waren eigentlich nur zum Jagen und Feuer machen gut! Erst in der Jungsteinzeit, mit zunehmender Sesshaftigkeit und systematischer Viehzucht, wurde der Zusammenhang zunehmend deutlicher. Wurden zum Beispiel männliche Tiere von weiblichen getrennt gehalten, gab es keinen Nachwuchs. Diese Beobachtungen führten im Laufe der Zeit zur Erkenntnis, dass es auch einen Mann braucht, um Nachkommen zu zeugen. Die Rolle des Vaters war geboren.

Der Vater in der römischen Antike

Hatten in der Vorzeit noch die Mütter das Sagen, so entwickelten die alten Römer eine streng patriarchalische Gesellschaftsordnung. Hier war der „Pater Familias" der Boss! Der Vater war das eindeutige Oberhaupt der Familie und rechtlich gehörten die Kinder zu ihm und nicht zur Mutter. Innerhalb der Familie hatte er absolute Autorität, bestimmte das Leben im Haus und sorgte für die Repräsentation nach außen. Auch hielt er alle finanziellen Fäden in der Hand und übte damit Macht über Frau und Kinder aus. Tanzte der Nachwuchs aus der Reihe, konnte er jederzeit enterbt werden. Dies führte zu einem starken Abhängigkeitsverhältnis vom Vater.

Der Vater im Mittelalter

Im Mittelalter hatten sowohl Mutter als auch Vater die Führungsrolle innerhalb des Hauses inne. Sie waren als Arbeitspaar für den Erhalt der Familie unverzichtbar. Der Begriff der „Eltern" entstand erst in dieser Zeit. Dem Vater kam aber durch seine zusätzliche Rolle als Beschützer des Hauses immer noch eine Vorrangstellung innerhalb der Familie zu. Über die Enge der Bindung des Vaters zu seinen Kindern gibt es wenig schriftliche Aufzeichnungen. Es ist aber anzunehmen, dass tiefe Bindungen schon allein durch die Tatsache verhindert wurden, dass sehr viele Kinder schon früh das Elternhaus verlassen mussten. Mit dem Erreichen des sogenannten „Vernunftalters", mit ungefähr 7 Jahren also, wurden die Kinder als Lehrlinge oder Dienstboten in andere Familien geschickt, um Geld zu verdienen. Auch die sehr hohe Kindersterblichkeit ließ eine innige Verbindung von Vater und Kind oft erst gar nicht aufkommen.

Der Vater im 17. und 18. Jahrhundert

Das Patriarchat hat wieder die Oberhand gewonnen. Das 17. Jahrhundert ist von Vater-dominierten Familienstrukturen gezeichnet. Die Vaterrolle ist vor allem durch ein strenges Autoritätsverhalten geprägt, dem sich sowohl Kinder als auch Ehefrauen unterwerfen müssen. Allerdings kommt dem Vater in dieser Zeit auch die Rolle zu, seine Kinder moralisch anzuleiten.

Väter in der industriellen Revolution: das 19. Jahrhundert

Tiefgreifende Veränderungen in den Lebens- und Arbeitsbedingungen durch die zunehmende Industrialisierung veränderten auch die Vaterrolle: Immer mehr Familien zogen in die Städte, die Männer gingen einer Arbeit nach und wurden zunehmend zum alleinigen Ernährer des Familienverbandes. Durch die zunehmende Abwesenheit verschob sich die Aufgabe des Vaters und reduzierte sich auf die Bereitstellung der materiellen Notwendigkeiten für seine Sippe. Das patriarchalische Gesellschaftsmodell behielt aber weiterhin Gültigkeit. Der Vater war und blieb die oberste Instanz und hatte – auch in Erziehungsfragen – immer das letzte Wort.

Zwei Kriege und eine gesellschaftliche Revolution: Väter im 20. Jahrhundert

Die beiden Weltkriege hatten fundamentale Auswirkungen auf das Familienleben und die Familienkonstellationen in Deutschland. Die Väter mussten an die Front. Das bedeutete oft jahrelange Abwesenheit des Vaters und

– im schlimmsten Fall – keine Wiederkehr. Die Zurückgebliebenen mussten für sich allein sorgen und lernten gezwungenermaßen, ohne Vater zurechtzukommen. Kam der Mann nach langer Zeit im Krieg oder in der Gefangenschaft wieder nach Hause, war das Verhältnis zu Frau und Kindern stark verändert. Aus dem unbesiegbaren Familienoberhaupt war oft durch die Erlebnisse im Krieg ein körperlich und seelisch gebrochener Mann geworden. Der andere Familienteil war inzwischen stark und selbstständig geworden, war zusammengewachsen und durch den gemeinsamen Überlebenskampf unabhängig. Die Kinder weigerten sich, die Autorität des praktisch unbekannten Mannes anzuerkennen. Der Vater hatte wesentliche Entwicklungsschritte im Leben der Kinder verpasst, sah sich aber immer noch als die Erziehungshoheit. Die Frau stand in diesem Konflikt oft auf der Seite der Kinder, was die Beziehung der Eltern sehr belasten konnte. Das alles hatte zur Folge, dass der Vater innerhalb der Familie zum Außenseiter wurde.

Mit der Normalisierung der Lebensverhältnisse in den 50er Jahren geht auch eine Rückkehr zu der vor dem Krieg bekannten Familienkonstellation einher. Der Vater übernimmt wieder die Rolle des Versorgers und Disziplinierers, die Mutter sorgt sich um den Haushalt und ist die emotionale Bezugsperson für die Kinder. Erst mit den heiß geführten gesellschaftlichen Diskussionen in den 60er und 70er Jahren bekommt dieses traditionelle Gesellschaftsbild deutliche Risse. Sowohl Frauen als auch Männer überdenken ihre Rollen neu. Viele Väter wollen die alleinige Rolle des Ernährers ablegen und sich mehr um die persönlichen und erzieherischen Belange ihrer Kinder kümmern. Durch die zunehmende Beteiligung von Frauen am Arbeitsmarkt kommt es fast zwangsläufig zu einer veränderten Rollenaufteilung der Eltern. Diese Verschiebungen dauern auch heute noch an.

Väter heute

Männer heutzutage sind in einer schwierigen Situation. Zum einen haben sie innerhalb der Familie häufig immer noch die Rolle des Versorgers inne, gleichzeitig erwartet das gesellschaftliche Idealbild, dass sie sich als Väter und Partner in den Haushalt und die Kindererziehung mit einbringen. Der Papa soll sich Zeit nehmen, wenn das Kind Probleme hat und sich möglichst gut einfühlen können. Auch beim Windeln wechseln und Schoppen machen soll er seinen Mann stehen, dabei gleichzeitig seiner Lebensgefährtin ein liebevoller und aufmerksamer Partner sein. Gar nicht so einfach, das alles unter einen Hut zu bekommen. Für viele Männer ist das ein unerfüllbarer Spagat.

Seit den 70er Jahren wird die Vaterrolle zunehmend wissenschaftlich unter die Lupe genommen. Dabei wurde festgestellt, dass Väter sich gerne mehr mit dem Nachwuchs beschäftigen würden und sich wünschten, viel mehr Zeit für die Kinder zu haben. Die Realität sieht aber oft anders aus. Dabei ist es nicht ganz ersichtlich, ob es den Männern schwerfällt, diese neue Rolle wirklich anzunehmen, oder ob es die Arbeitswirklichkeit nicht zulässt. Fakt ist, dass auch heute noch in der Mehrzahl der Fälle der Mann nach der Geburt des Kindes der Haupternährer der Familie ist. Vier Haupttypen eines Vaters haben sich über die letzten Jahrzehnte herausgebildet:

- Der traditionelle Vater
- Der moderne Vater
- Der Vollzeitvater
- Der getrennte Vater

Nachfolgend findest du eine Beschreibung aller dieser Vatertypen, die jeweiligen Merkmale und Besonderheiten. Die beiden erstgenannten Rollenbilder sind dabei die häufigsten Entwürfe des Vater-Daseins.

Der traditionelle Vater

Das traditionelle Rollenbild des Vaters als Ernährer ist schon lange bekannt und beruht auf der althergebrachten Aufgabenverteilung von Mann und Frau. Der Mann übernimmt die Zuständigkeit für die finanzielle Absicherung der Familie. Seine Aufgabe ist, durch seine Erwerbstätigkeit für den materiellen Wohlstand seiner Sippschaft zu sorgen. Sein Aktionsradius befindet sich hauptsächlich außerhalb der eigenen vier Wände. Die Frau hingegen ist in diesem Modell überwiegend für die Innenwelt zuständig. Sie kümmert sich um die Belange innerhalb des Hauses, wozu neben der Hausarbeit natürlich auch die Erziehung und Sorge um die Kinder gehören. Die traditionellen Väter halten sich bei der Kinderbetreuung zurück und überlassen diesen Bereich – schon oft aus Zeitmangel – zu einem guten Teil ihrer Partnerin. Sie werden meist nur am Wochenende aktiv und sind dann typische Wochenend-Papas, die mit den Kindern die spannenden Dinge des Lebens unternehmen. Outdoor-Aktivitäten oder sportliche Aktionen stehen dabei hoch im Kurs. Wenn der Vater doch mal daheim mit anpackt, dann gehören keinesfalls Bügeln oder Abwaschen zu seinem Arbeitsprogramm.

Es sind eher Aufgaben wie Reparaturen am Haus oder Rasen mähen, die der traditionelle Papa übernimmt. Auch Behördengänge oder die Planung größerer Anschaffungen werden in diesem Modell als Domäne des Mannes gesehen.

Von vielen Eltern wird die traditionelle Rollenverteilung auch heute noch bewusst gewählt. Die Bewahrung bürgerlicher Werte steht dabei im Vordergrund. Die geschlechtsspezifische Arbeitsteilung wird als effizienter empfunden. Auch wird die kontinuierliche Betreuung der Kinder durch die Mutter als vorteilhaft bewertet. In diesem Modell wird eine sehr fragwürdige geschlechtsspezifische Eignung für bestimmte Tätigkeiten angenommen: Der Mann kann sich besser im rauen Arbeitsalltag behaupten und weiß, wie man mit Geld umgeht. Dagegen liegt das Haupttalent der Frau anscheinend hauptsächlich darin, den Haushalt zu schmeißen und sich um die Probleme der Kinder zu kümmern.

Im Gegensatz zu dieser traditionellen Wertvorstellung sehen sich heutzutage viele Paare durch finanzielle Zwänge ungewollt in diese traditionelle Rollenverteilung hineingedrängt. Die Lebenswirklichkeit steht hier dem Wunschdenken vieler Elternpaare entgegen. Denn seit den 80er Jahren hat sich ein großer Wertewandel vollzogen. Damals konnte sich nur rund ein Drittel der Väter vorstellen, in einer egalitären Partnerschaft zu leben, in der beide Partner arbeiten gehen und sich den Haushalt und die Kindererziehung teilen. Inzwischen ist dies für rund 75 % der Männer ein erstrebenswertes Modell. Allerdings treffen hier Wunsch und Wirklichkeit aufeinander. Es zeigt sich, dass es nach der Geburt des ersten Kindes auch heute noch die Regel ist, dass die Mutter beruflich zurücksteckt. Der Vater geht –

meist nach einer kurzen Unterbrechung – weiterhin in Vollzeit arbeiten. Er arbeitet jetzt oft sogar noch mehr als vorher, um die finanzielle Lücke auszugleichen, die durch den Wegfall der mütterlichen Lohntüte entsteht. Über 90 % aller Väter gehen nach der Geburt einer Berufstätigkeit nach, fast alle arbeiten in Vollzeit. Die Quote der in Teilzeit arbeitenden Väter ist mit 6 % verschwindend gering. Die Gründe, warum sich Männer in eine traditionelle Rollenverteilung gedrängt fühlen, sind vielschichtig. Häufig erlauben es die betrieblichen Rahmenbedingungen nicht. Die Mehrzahl der Väter gibt an, dass ihr Arbeitgeber eine flexible und familienfreundliche Arbeitszeitgestaltung nicht unterstützt. Zum anderen befürchten viele Männer, dass ihnen bei einer Reduzierung der Arbeitszeit fehlendes Engagement angekreidet wird. Das ist nur schlecht mit einem Männlichkeitsbild vereinbar, das auch heute noch beruflichem Erfolg einen sehr hohen Stellenwert einräumt. Das Leitbild von Männlichkeit und Vaterschaft hat sich nämlich trotz intensiver gesellschaftlicher Diskussion nicht wesentlich verändert. Zwar sind mittlerweile auch als eher weiblich betonte Attribute wie Hilfsbereitschaft oder das Zeigen von Gefühlen mit einem männlichen Selbstbild vereinbar, aber im Grunde bleiben die alten Grundfesten weiter bestehen. Ein richtiger Mann erfüllt nach dieser Einschätzung die folgenden Hauptaufgaben: Er kann seine Familie gut versorgen, zeigt hohe berufliche Kompetenz und ist Fachmann auf seinem Gebiet. Nicht zuletzt demonstriert er eine gehörige Portion Ehrgeiz und Leistungsorientierung. Auch wenn dieser Selbstanspruch langsam Risse bekommt, beruflich zurückzustecken, um mit dem Kind auf den Spielplatz zu gehen oder zu Hause die Wäsche zu bügeln, ist für viele Männer schlichtweg nicht vorstellbar. Hinzu kommt, dass das tradierte Familienbild auch von vielen Frauen befürwortet wird. Rund die Hälfte aller Mütter mit einem Kind erwartet, dass der Vater die Rolle des Haupternährers übernimmt. Sind mehrere Kinder im Haus, steigt diese Erwartungshaltung sogar noch an: 72 % der Mütter mit 3 Kindern sehen die Verantwortung für das Familieneinkommen beim Vater. Daher ist in vielen Familien die traditionelle Vaterrolle auch in absehbarer Zukunft die Realität.

Wenn die Familie ein traditionelles Rollenmuster lebt, heißt das aber noch lange nicht, dass der Vater durch seine häufige Abwesenheit keine vernünftige Beziehung zu seinem Kind aufbauen kann. Eine intensive Bindung ist auch mit einem Papa möglich, der nur abends oder am Wochenende Zeit hat. Hier zählt mehr die Qualität als die Quantität. Wenn du die Bedürfnisse deines Kindes erkennen und auf sie eingehen kannst, während du dich mit ihm beschäftigt, kann das Verhältnis ebenso innig sein wie mit einem Vater, der die meiste Zeit zu Hause ist. Das gilt vor allem für Kinder, die schon etwas älter sind. Säuglinge und Kleinkinder bauen die Beziehung hauptsächlich, über die körperliche Präsenz der Bindungsperson auf.

Der moderne Vater

Viele möchten es sein: ein neuer und moderner Vater. Dieses Konzept nimmt in den letzten Jahrzehnten in der Diskussion über die Vaterrolle einen immer größeren Raum ein. Im Gegensatz zur traditionellen Vaterschaft übernimmt ein moderner Vater gleichberechtigt Aufgaben im Haushalt und bringt sich auch in alle Angelegenheiten der Kinder zu gleichen Teilen ein. Die mit dem Kind verbrachte Zeit und der Beitrag zur Erziehung wird von einem modernen Vater als Bereicherung des eigenen Lebens empfunden.

Er ist auch bereit, beruflich zurückzustecken, um dadurch Zeit für seine Kinder zu gewinnen. Beide Partner erwirtschaften den Familienunterhalt gemeinsam. In einer solchen Familienkonstellation entfällt die eindeutig männliche und weibliche Aufgabenverteilung. In einer Gesellschaft, die den Geschlechtern auch heutzutage noch relativ klar bestimmte Funktionen zuschreibt, ist es für Männer aber oft nicht leicht, dieses Konzept umzusetzen. Zum einen fehlen die Vorbilder, denn die meisten Väter der heutigen Elterngeneration lebten ihren Kindern ein traditionelles Rollenbild vor, zum anderen wird diese Neuinterpretation des Männerbildes von der Umwelt nicht immer positiv bewertet. Von einer „Verweiblichung" ist dann oft die Rede, auch führt ein verringertes berufliches Engagement zugunsten der Kindererziehung bisweilen zu verwundertem Kopfschütteln. Überzeugte moderne Väter lassen sich davon allerdings nicht beirren. Sie sehen sich selbst als eine Art Trendsetter und nehmen auch materielle Einbußen in Kauf. Die Arbeitsaufgabe eines Vaters ist aus ihrer Sicht ebenso wichtig wie die berufliche Arbeit. Die Erziehung des Kindes und die Beziehung zu ihm wird als bereichernd und erfüllend erlebt. Der konsequent moderne Mann verwirklicht sich quasi durch seinen Lebensstil als teilnehmender Vater.

Mittlerweile gibt es auch zaghafte gesellschaftspolitische Anreize, die eine stärkere Beteiligung des Vaters an der Kindererziehung fördern. Durch das Elterngeld, das 2007 eingeführt wurde, soll auch Vätern die Möglichkeit gegeben werden, sich eine berufliche Pause zu gönnen, um Zeit für das Kind zu haben und sich an dessen Betreuung zu beteiligen. Wurde dieses Angebot zum Zeitpunkt der Einführung nur vereinzelt wahrgenommen, so macht inzwischen rund ein Drittel aller Neu-Väter von der Möglichkeit einer

Kinder-Auszeit Gebrauch. Die überwiegende Mehrheit der Männer, die sich Elternzeit genommen haben, bewerten diese als außerordentlich positiv und bereichernd. Viele würden auch gerne nach dem Wiedereinstieg in den Arbeitsalltag die Arbeitszeit verkürzen, um mehr für ihren Nachwuchs da zu sein.

Für viele Väter ist die Rolle eines modernen Vaters ein erstrebenswertes Konzept. Über 40 % würden gerne Elternzeit nehmen und immerhin 30 % könnten sich vorstellen, nach der Geburt des Kindes nur noch in Teilzeit zu arbeiten, damit auch die Partnerin berufstätig sein kann. Für erstaunliche 17 % wäre es sogar denkbar, als Vollzeit-Vater ganz zu Hause zu bleiben und der Frau die Sorge um die materielle Absicherung zu überlassen. In der rauen Lebenswirklichkeit bleibt der Wunsch nach dauernder gleichberechtigter Vaterschaft aber leider oft auf der Strecke.

Der Vollzeitvater

Der Vater, der seinen Job aufgibt, um sich ganz um Haushalt und Familie zu kümmern, während die Frau das Familieneinkommen erwirtschaftet – wo gibt es denn das? Es gibt sie, es sind allerdings seltene Exemplare – die Vollzeitväter. In weniger als 1% aller Haushalte werden die klassischen Rollen von Mann und Frau komplett getauscht. Denn es erfordert von beiden Partnern einen enormen Umdenkungsprozess und Mut, neue Wege zu beschreiten. Denn oftmals reagiert die Umwelt mit Unverständnis auf den neuen Karrierepfad des Vaters. Von einem Mann wird eben auch heute noch erwartet, dass er einer ordentlichen Arbeit nachgeht und durch seine

Erwerbstätigkeit seine Familie finanziert. Dabei kann er durchaus als Manager des Unternehmens Familie erfolgreich sein und darin sogar Erfüllung finden. Statt in der Morgenkonferenz die Umsatzzahlen des letzten Quartals schönzureden, ist der Vollzeitvater eben damit beschäftigt, die Windeln zu wechseln, seinen Sprössling auf den Spielplatz zu begleiten oder zu Hause die Wäsche zu sortieren. Bei Frauen gilt es auch heutzutage als fast selbstverständlich, dass sie nach der Geburt eines Kindes beruflich zurückstecken oder ganz aus dem Job aussteigen, um sich vollständig der Familie zu widmen. Was aber bewegt einen Mann dazu, seine erfolgreiche Karriere zu unterbrechen und sich mit Kindern, Küche und Kindergarten abzugeben? Die Gründe dafür sind vielfältig. Manchmal ist es eine bewusste Entscheidung: Der Vater möchte sich von klassischen Rollenvorstellungen befreien und viel Zeit für die Kinder haben. In vielen Fällen hat es auch ganz pragmatische Gründe: Oft hat die Frau den besser bezahlten oder den sicheren Job. Die Kinderbetreuung kostet so viel, dass es sich für den Mann finanziell nicht lohnt, arbeiten zu gehen. Bisweilen ist es ein verständnisloser Arbeitgeber, der einen Angestellten, der es wagt, ein Jahr Elternzeit zu nehmen, nicht mehr in der Firma sehen will.

Was auch immer die Gründe sind, diesen Schritt zu vollziehen, die Entscheidung für diese Lebensform hat Folgen. Sowohl im Beruflichen wie im Privaten betreten Vollzeitväter Neuland. Manche Männer gehen ganz in dieser Rolle auf und genießen ihr Dasein als Hausmann, andere haben mit den Schwierigkeiten zu kämpfen, die das Leben als professioneller Papa mit sich bringt.

Der Vollzeitvater ist vor allem ein Familien-Manager und erfüllt eine anspruchsvolle Aufgabe. Zeitpläne müssen eingehalten werden, Arzt- und Behördengänge müssen organisiert werden, die Freizeitgestaltung der Kinder will koordiniert sein. Daneben gilt es auch noch, den gesamten Haushalt zu erledigen und bei den Hausaufgaben zu helfen. Außerdem ist der Vollzeit-Papa gleichzeitig Spielkamerad, Erzieher, Psychologe und Seelsorger und muss sich mit den vielen alltäglichen Problemen, die in einer Kinderwelt auftauchen, herumschlagen. Mit all den Fähigkeiten, die ein Vollzeitvater entwickelt, sollte er eigentlich ein gesuchtes Talent in der freien Wirtschaft sein. Dem ist aber leider nicht so. Denn die Lücke, die im Lebenslauf entsteht, wenn man sich um Haus und Kinder kümmert, wird von Arbeitgebern gerne als Fehlzeit ausgelegt und zum Nachteil interpretiert. Viele Arbeitgeber sind der Überzeugung, dass ein Arbeitnehmer, der über ein akzeptables zeitliches Maß hinaus aus dem Job aussteigt, die Qualifikation für seine Rolle verloren hat und zur Spezies der Bummler gehört. Sollte ein Vollzeitvater sich nach einigen Jahren dazu entschließen, wieder ins reguläre Berufsleben einzusteigen, dann hat er im Allgemeinen schlechtere Chancen auf dem Arbeitsmarkt als ein Mitbewerber mit ungebrochenem Lebenslauf.

Es hat sich in der gesellschaftlichen Diskussion eine neue Offenheit gegenüber der Rollenverteilung in deutschen Haushalten entwickelt. Wenn ein Mann sich aber dazu entschließen sollte, zu Hause zu bleiben, um als Vollzeitvater zu arbeiten, dann hat er immer noch mit etlichen Vorurteilen zu kämpfen. Das alte Stigma, das ein Hausmann – oder auch die Hausfrau – eigentlich „nichts" macht, wenn er oder sie sich um Haushalt und

Nachwuchs kümmert, scheint unausrottbar. Auch wird der Vollzeitvater des Öfteren mit einem antiquierten Rollenverständnis konfrontiert werden. Bei manchen Mitmenschen löst die Vorstellung, dass ein Mann die Windeln wechselt, oder die Wäsche zusammenlegt leider immer noch Assoziationen mit Begriffen wie „Weichei" oder „Warmduscher" aus. Ein richtiger Mann kämpft sich nach ihrer Ansicht eben eher tapfer durch den Bürodschungel. Im engeren Freundes- und Bekanntenkreis wird die Entscheidung, dass der Vater Hausmann wird, oft überschwänglich gelobt und der Mann erhält quasi Heldenstatus für seinen weitsichtigen und revolutionären Entschluss. Dabei ist es paradox, dass eine Frau niemals solche Reaktionen von ihrer Umwelt erfährt, wenn sie sich dafür entscheidet, ihre Karriere an den Nagel zu hängen, um ausschließlich für die Kinder da zu sein.

Ob Vollzeitvater oder Vollzeitmutter, in beiden Konstellationen fällt ein Gehalt weg. Das kann ganz schön wehtun, vor allem, wenn das sowieso nicht üppige Elterngeld ausgelaufen ist. Das Paar steht dann oft vor der Situation, den Lebensstandard einschränken oder zumindest die Rücklagenbildung zurückfahren zu müssen. Allerdings müssen in diese Rechnung immer die entstehenden Betreuungskosten miteinbezogen werden, sollten beide Partner arbeiten gehen. Auch lässt sich die zusätzliche familiäre Lebensqualität und die vertiefte Bindung, die zwischen Vater und Kind entsteht, nicht mit finanziellen Wertmaßstäben erfassen.

Die Vollzeit-Vaterschaft ist meist auf einen gewissen Zeitraum begrenzt. In der Regel verringert sich die zeitliche Beanspruchung der Eltern mit zunehmendem Alter der Kinder. Mit Beginn des Schulalters ist der Nachwuchs schon viel selbstständiger. Und ist erst mal das Teenager-Alter erreicht, dann ist die Rolle von Mama und Papa sowieso im Wesentlichen auf das Bereitstellen von Bergen von Essen, massenhaft Geld und Fahrdiensten zu jeder erdenklichen Uhrzeit reduziert. Spätestens dann kann sich auch ein überzeugter Vollzeit-Papa rückbesinnen und zumindest nach Teilzeit-Jobs Ausschau halten. Oder er geht wieder Vollzeit arbeiten und freut sich nach jahrelanger harter Arbeit als Manager von Haus und Kindern auf einen gemütlichen Tag im Büro und das Schwätzchen mit den Kollegen – welche Erholung!

Der getrennte Vater

Die meisten Kinder in Deutschland wachsen auch heute noch im gemeinsamen Haushalt der Eltern auf. Allerdings hat sich die Zahl der Trennungskinder in den letzten Jahrzehnten stark erhöht.

Am Anfang einer Beziehung schweben beide Partner auf Wolke sieben und schwören sich ewige Liebe und Treue. Die Wirklichkeit sieht dann aber doch in vielen Fällen anders aus. Inzwischen wächst rund ein Fünftel aller Kinder entweder beim Vater oder bei der Mutter auf. Dabei ist es in aller Regel immer noch die Mutter, bei der das Kind hauptsächlich wohnt. Im Jahr 2018 gab es in Deutschland rund 2,6 Millionen Alleinerziehende, davon waren gerade mal 400.000 Männer.

Eine Trennung ist für die Kinder fast immer sehr schwierig, aber auch für den Vater bricht oft eine Welt zusammen. Die Rechtsprechung ist heute noch in Sorgerechtsfragen tendenziell mehr auf der Seite der Mutter, sodass sich viele Väter Sorgen machen, wie sie die Beziehung und den Kontakt zu ihrem Kind aufrechterhalten können. Wenn sich die Väter nach der Trennung nicht gerade ganz aus dem Leben der Kinder verabschieden, gibt es verschiedene Modelle, wie lange und in welchem Rhythmus die Kinder ihre Zeit beim jeweiligen Elternteil verbringen. Je nachdem, wie die Konfliktlage bei den Eltern ist, können diese mehr oder weniger gut funktionieren. Das häufigste Modell ist das sogenannte Residenzmodell: Das Kind wohnt überwiegend bei der Mutter (oder seltener beim Vater), verbringt aber jedes zweite Wochenende und vielleicht noch ein oder zwei Tage unter der Woche beim anderen Elternteil.

Eine andere Möglichkeit, die zunehmend an Beliebtheit gewinnt, ist dagegen das Wechselmodell. Hier lebt das Kind zu gleichen Teilen bei Vater und Mutter, zum Beispiel jeweils eine Woche bei Mama und eine Woche bei Papa. Das Kind hat also zwei „Zu Hause", die einander gleichwertig sind.

Egal, welches Betreuungsmodell gewählt wird, das Wohl des Kindes sollte immer an oberster Stelle stehen. Das Kind liebt beide Eltern zu gleichen Teilen und sollte bei der Entscheidung, wo es wohnt, keinesfalls in einen Gewissenskonflikt gebracht werden. Immerhin finden rund 80% aller sich trennenden Eltern eine einvernehmliche Lösung. Die Trennung ist für das Kind eine Zeit der großen Unsicherheit. Deshalb sollten die äußeren Bedingungen so stabil wie möglich gehalten werden.

Mythen und Klischees rund ums Vatersein

Die allermeisten Männer möchten gerne Vater werden. Und bei über zwei Dritteln geht dieser Wunsch auch im Lauf des Lebens in Erfüllung. Viele lassen sich zwar heutzutage mehr Zeit als früher, bevor die sie den großen Schritt ins Abenteuer Papa wagen, aber für die überwiegende Mehrzahl gehört der eigene Nachwuchs zur Verwirklichung eines erfüllten Daseins dazu – viel mehr noch etwa als die anderen zwei traditionellen Männeraufgaben: ein Haus zu bauen oder einen Baum zu pflanzen. Vor allem die Erwartung, dass Lebensfreude und -Zufriedenheit zunehmen, wenn man(n) mit seiner Traumfrau ein oder mehrere gemeinsame Kinder hat, ist der überwiegende Auslöser zur Familiengründung. Auf der anderen Seite entscheiden sich mittlerweile auch viele Männer bewusst dazu, kinderlos zu bleiben. Bei vielen besteht die Befürchtung, dass sie Familie und Beruf nicht unter einen Hut bekommen können oder dass sich ihre finanzielle Situation durch die Versorgung eines Kindes wesentlich verschlechtert. Aber auch durch die vielen Mythen und Klischees, die sich um die Vaterschaft ranken, lässt sich so manch Einer abschrecken. Diese gängigen Vorurteile sind durchaus dazu geeignet, einem leicht verunsicherten jungen Liebhaber den Wind aus den Segeln zu nehmen und seine Vorstellungen von der Realität einer Vaterschaft in einem etwas verzerrten Licht darzustellen. Die häufigsten dieser eingefahrenen Ansichten werden wir uns im Folgenden unter die Lupe nehmen, um zu sehen, wie sie sich denn mit der Wirklichkeit vertragen. Auch wenn Klischees bisweilen ein Stück Wahrheit beinhalten, so leiden sie doch oft an grober Verallgemeinerung und zeigen eine zu simple Sicht auf die Dinge. Wer sich zu neuen Ufern aufmacht, sollte sich nicht, durch die ängstlichen Meinung der ewigen Zauderer davon abhalten lassen.

1. Klischee: Das Vatersein macht mich zum Waschlappen und Pantoffelhelden

Anders als früher, als die Vaterrolle fast ausschließlich darin bestand, das Geld für den Familienunterhalt heranzuschaffen, sind Männer heutzutage viel mehr am Familienleben beteiligt. Und mit der Ankunft des Nachwuchses wird der Mann vor völlig neue Aufgaben gestellt. Vorbei ist es vorerst mit Motorrad fahren, Fußball gucken und mit den Kumpels Bier trinken gehen. Dafür findest du dich plötzlich beim Windeln wechseln, Tränen trocknen und Schlaflieder singen wieder. Das passt so gar nicht zum Selbstbild des coolen Machers, der sich furchtlos durch den Alltagsdschungel kämpft. Die als typisch männlichen angesehenen Charaktermerkmale wie Risikobereitschaft, Abenteuerlust und Aggressivität sind auf einmal nicht mehr gefragt. Stattdessen werden im Umgang mit dem Kind die eher weiblichen Eigenschaften wie Familiensinn, Geduld und Warmherzigkeit erwartet. Und tatsächlich: Wissenschaftler in den USA haben herausgefunden, dass der Testosteronspiegel, dem Männlichkeitshormon schlechthin, bei Männern nach der Geburt ihres Sprosses deutlich sinkt – um bis zu 34 %. Dabei gilt sogar: Je länger sich der Vater täglich um das Neugeborene kümmert, desto stärker nimmt die Testosteronproduktion ab.

Auch die Beziehung mit der Partnerin ändert sich mit der Ankunft des Kindes. Schon in der Schwangerschaft braucht sie viel Fürsorge und Rücksichtnahme. Das wird nach der Geburt nicht anders. Vor allem in der ersten Zeit bist du als Neu-Papa gefordert, ihr so gut wie möglich unter die Arme zu greifen und partnerschaftlich das neue Familienleben zu organisieren. Du musst in vielen Fällen deine eigenen Interessen hinter die des Babys oder der Familie stellen. Vordergründig kann das natürlich einem klassischen Männerbild widersprechen. Kinderlose Junggesellen können sich den Spott kaum verkneifen, wenn der junge Vater plötzlich die wöchentliche Verabredung zum Doppelkopf mit der Begründung absagt, dass das Baby Bauchschmerzen hat und schreit.

Diese Lebensumstellung kann für einen Mann sehr belastend sein, vor allem, wenn er sich bis jetzt hauptsächlich nur um sich selbst kümmern musste. Aber machen alle diese Veränderungen und Einschränkungen einen Vater weniger männlich?

Seltsamerweise ist eher das Gegenteil der Fall. Eine Unzahl von Männern gibt an, dass sie erst mit dem Eintritt in die Vaterschaft den Schritt ins Erwachsenen-Dasein vollzogen hätten. Statt vordergründig maskuliner Eigenschaften werden nun auf einmal Verhaltensweisen gefordert, die einen richtigen Mann ausmachen. Eine große Klappe zu haben und gut im Fußball zu sein, wird plötzlich zweitrangig. Es ist nun wichtiger, dass du in der Lage bist, weitreichende Pläne zu schmieden, denn als Vater übernimmst du eine lebenslange Aufgabe. Statt in ewiger Pubertät zu verharren, geht es jetzt darum, partnerschaftlich Verantwortung wahrzunehmen und die Abläufe des gemeinsamen Lebens gut zu organisieren. Dazu gehören Kommunikationsfähigkeit und die Bereitschaft zu Kooperation und Kompromiss. Auch andere traditionell als männliche Eigenschaften definierte Qualitäten wie Führungsstärke, Konsequenz und Durchhaltevermögen gehören dazu. Denn die umfangreichste Aufgabe des Mannes ist, sein Kind auf seinem Weg zu begleiten und es ins Leben zu leiten. Dafür braucht es echte Kerle - Weicheier sind für diesen Job definitiv nicht geeignet.

2. Klischee: Väter sind schlechtere Erzieher als Mütter

Dass Väter sich traditionell eher aus der Rolle des Erziehers herausgehalten haben und diese Aufgabe gern der Mutter zugeschoben wurde, wurde schon im Kapitel über die verschiedenen Vaterrollen erwähnt. Stimmt es aber, dass die Mutter grundsätzlich besser geeignet ist, den Kindern das auf den Weg mitzugeben, was im Leben wichtig ist? Oder ist das nur ein Mythos, der sich durch die vorherrschenden gesellschaftlichen Strukturen entwickelt hat? Ist es nicht vielleicht eher so, dass die Mutter als die bessere Erzieherin angesehen wird, weil sie diesen Job – gefragt oder ungefragt – bisher klaglos übernahm und durch jahrelange Lernerfahrung zur Erziehungsexpertin wurde? Nach Meinung von Fachleuten sind nämlich Väter und Mütter gleichermaßen geeignet, den Nachwuchs großzuziehen. Es mag sein, dass die Erziehungsstile verschieden sind oder dass auf unterschiedliche Dinge Wert gelegt wird. Für das Kind und seine gesunde Persönlichkeitsentwicklung sind aber Einflüsse und Erziehungsanteile von beiden Elternteilen wichtig. Wie wichtig der Vater als Bezugsperson für seinen Nachwuchs ist, geht aus vielen Untersuchungen hervor. Dabei ist es noch nicht einmal zwingend erforderlich, dass der Papa ständig anwesend ist. Die Qualität der Beziehung gibt hier den Ausschlag. Kinder mit einer engen Verbindung zu ihrem Vater entwickeln sich kognitiv besser und sind emotional stabiler, darüber hinaus zeigen sie eine höhere soziale Kompetenz. Diese Effekte einer positiven Vater-Beziehung lassen sich auch im späteren Leben der Kinder erkennen. Sie zeigen im Jugendalter und als junge Erwachsene mehr Selbstvertrauen in neuen Situationen und sind in partnerschaftlichen Beziehungen eher zur Reflexion fähig.

Tatsache aber ist: Väter gehen mit ihrem Nachwuchs häufig anders um. Während Mütter in der Regel fürsorglich und manchmal auch übervorsichtig agieren, zeigen Väter oft mehr Risikobereitschaft. Das ermöglicht es dem Kind, seinen Erfahrungshorizont ständig zu erweitern. Wo Mütter häufig einschränkend und kontrollierend eingreifen, haben Männer eine gewisse Tendenz, die Dinge etwas gelassener zu sehen und nachgiebiger zu sein. Manchmal ist aber auch genau das Gegenteil der Fall: Der Papa ist streng und erlaubt wenig und Mama lässt die Kinder machen. Ob der eine erzieherische Ansatz dem anderen überlegen ist, ist Ansichtssache. Unterschiede im Erziehungsstil sind im Prinzip auch gar nicht problematisch. Das Kind erfährt im Lauf seiner Entwicklung viele verschiedene Erziehungsformen: von den Eltern, den Großeltern, der Erzieherin im Kindergarten oder später in der Schule. Durch diese Erfahrungen lernt das Kind, dass die Menschen auf der Welt verschieden sind und dass es nicht nur einen richtigen Weg gibt, das Leben zu meistern. Je mehr sich der Vater allerdings in die Erziehung der Kinder mit einbringt, desto wichtiger ist es, dass sich die Eltern absprechen. Denn wenn es zu Meinungsverschiedenheiten kommt, führt das leicht zu Spannungen, unter denen letztendlich der Nachwuchs zu leiden hat. Manchmal hat die Mutter sogar Schwierigkeiten, dem Vater seinen Anteil an der Erziehungsarbeit einzuräumen. Denn immer noch sehen viele Frauen die Erziehung als ihren Aufgaben- und Kompetenzbereich. Am besten funktioniert die gemeinsame Erziehung, wenn Elternpaare möglichst klare Zuständigkeitsbereiche abstimmen, sodass sie sich nicht ins Gehege kommen. Beispielsweise kann der Papa bei den Hausaufgaben helfen und Mama übernimmt die Gute-Nacht-Routine. Es ist günstig, wenn die Eltern im Grundsatz gleiche Ansichten darüber haben, wie eine gelungene Erziehung auszusehen hat. Ein Paar das sich die Erziehungsarbeit teilt und bereit ist, partnerschaftlich und gemeinsam zu agieren, ist auf dem besten Weg, den Kindern die richtige Richtung in ein erfolgreiches Leben zu zeigen. Die Diskussion, ob der Vater oder die Mutter in Erziehungsdingen die größere Kompetenz hat, ist längst überholt – beide Elternteile sind gleich wichtig.

3. Klischee: Wir werden kaum noch Sex haben

Wenn sich befreundete Paare mit kleinen Kindern treffen, dann dreht sich der Gesprächsstoff oftmals hauptsächlich um den Nachwuchs. Schläft er oder sie schon durch, welche Entwicklungsschritte wurden bereits gemeistert, wie bekommen wir Beruf und Kleinkind unter einen Hut. Ein ganz wichtiges Thema kommt aber so gut wie nie zur Sprache, obwohl davon alle Paare betroffen sind: das Sexualleben frischgebackener Eltern. Trotz aller modernen Aufgeklärtheit ist die Erwähnung des Liebeslebens oder dessen Nicht-Existenz immer noch tabu. Die stereotypische Vorstellung geht dahin, dass das junge Paar in der Phase der Verliebtheit die Finger nicht voneinander lassen kann, dann aber nach Schwangerschaft und Geburt in den meisten Fällen im Bett langweilige Öde herrscht. Erschöpft und lustlos nach einem langen Tag und in Erwartung einer höchstwahrscheinlich schlaflosen Nacht versucht das ehemals unersättliche Liebespaar, schnell ein paar Stunden Ruhe zu ergattern. Sex steht jetzt ganz unten auf der Prioritäten-Liste.

Doch stimmt das so und falls ja, was können junge Eltern tun, um das Feuer der körperlichen Liebe auch mit Kind noch lodern zu lassen?

Die Geburt des Kindes bedeutet in der Regel, dass Geschlechtsverkehr danach zumindest für eine Zeit nicht möglich ist. Die sogenannten Geburtsverletzungen brauchen einige Wochen, um zu verheilen. Rein anatomisch steht danach dem Liebesleben nichts mehr im Wege. In einer Studie wurde herausgefunden, dass die Hälfte aller befragten Mütter innerhalb der ersten zwei Monate nach der Geburt wieder Sex hatte. Neben körperlichem Unwohlsein führen aber auch andere Faktoren dazu, dass es in vielen Fällen länger dauert, bis sich das Sexualleben in der Partnerschaft normalisiert. Der Hauptfaktor ist natürlich die Änderung des Lebenswandels. In der ersten Zeit dreht sich eben alles ums Baby. Stillen oder Fläschchen machen, wickeln, umziehen, herumtragen, nachts aufstehen und das Kind trösten – die gemütlichen Vormittage mit Frühstück im Bett sind nur noch blasse Erinnerung! Dazu kommt, dass sich viele Frauen nach Schwangerschaft und Geburt nicht besonders sexy finden. Der Körper benötigt eben eine gewisse Zeit, bis er zu den vorherigen Traummaßen zurückfindet. Das Zärtlichkeitsbedürfnis deiner Partnerin ist vielleicht schon gedeckt, wenn sie den ganzen Tag mit dem Baby verbracht hat. Für den neuen Vater kann diese Zeit durchaus eine schwierige sexuelle Durststrecke darstellen. Aber dabei ist

es wichtig, zu wissen: Diese Phase ist nur ein kurzer Abschnitt in der langen Zeit eurer Beziehung.

Nach einigen Wochen oder Monaten hat sich ein bestimmter Rhythmus eingespielt. In der Rolle als Eltern seid ihr jetzt kompetent und entspannt und es kann eine Rückbesinnung auf euch als Paar und eure eigenen Bedürfnisse stattfinden. Dabei muss es nicht immer Sex sein. Zuneigung lässt sich auch anders ausdrücken. Massagen und lange Streicheleinheiten sind eine gute Möglichkeit die Körperlichkeit in einer Beziehung wiederzuentdecken. Auch mit viel gegenseitiger Aufmerksamkeit und Komplimenten bleibt ihr euch als Paar nahe. Eine gesunde Portion Humor und eine offene Gesprächsbereitschaft hilft, die sexuelle Dürrezeit zu erleichtern.

Von Experten gibt es einige Tipps, wie sich auch viel beschäftigte Eltern ein aktives und erfüllendes Sex-Leben erhalten können:

Was Mama und Papa am meisten fehlt, ist Zeit. Alles muss möglichst gut durchgeplant sein. Manchmal kommt ihr daher nicht darum herum, auch eure Schäferstündchen zu organisieren. Das heißt: Verabredet euch zum Sex. Das hört sich unromantisch an und auch die Spontaneität mag fehlen, hat aber seinen eigenen Reiz. Denn die Vorfreude auf ein gemeinsames Abenteuer lässt die Spannung im Vorfeld enorm steigen.

Habt ihr beide ein paar freie Minuten und ein bisschen Restenergie, dann kann ein spontaner Quickie die Erinnerung an alte Zeiten wiederaufleben lassen. Einfach mal das Vorspiel vergessen und hemmungslos übereinander herfallen – ein tolles Entspannungsmittel für gestresste Eltern!

Auch ein gemeinsames Vollbad kann euch wieder näherbringen. Die Hauptsache ist, dass ihr Qualitätszeit miteinander verbringt. Entspannt euch zusammen und schenkt einander viel Aufmerksamkeit. Gegenseitiges Verständnis und Einfühlungsvermögen, dazu ein bisschen Kreativität in Liebesdingen: so können auch viel beschäftigte Eltern ein befriedigendes Liebesleben verwirklichen.

4. Klischee: Alles dreht sich nur noch ums Baby

Auch hier besitzt das Klischee einen gewissen Wahrheitsgehalt – zumindest, wenn es sich um ein Neugeborenes handelt. Denn der kleine Mensch ist in der Anfangszeit noch völlig hilflos und vollständig auf die Eltern angewiesen. In den ersten Wochen und Monaten dreht sich tatsächlich alles ums Baby und die Bedürfnisse von Mama und Papa sind – zumindest zeitweise – zweitrangig. Auch hier gilt für euch als Paar, die größere Perspektive zu sehen. Wenn ihr im Nachhinein auf diese Zeit zurückblickt, dann scheint sie wie im Flug vergangen zu sein. Das ist schwer zu glauben, wenn du zwischen Baby schaukeln, Windel wechseln und Müll raustragen gar nicht mehr weißt, wo dir der Kopf steht. Ein Sprichwort sagt: „Die Tage sind lang, doch die Jahre sind kurz" und fast im Handumdrehen ist aus deinem Säugling ein Kleinkind geworden. Mit der zunehmenden Unabhängigkeit deines Sprosses kannst du es dir auch wieder erlauben, deine Bedürfnisse wahrzunehmen - genauso wie deine Partnerin. Schon während der

Anfangszeit solltet ihr versuchen, euch gewisse Nischen zu schaffen, um mal Atem zu holen und auszuspannen. Hier kann die Einbeziehung von Familie und Freunden viel bewirken. Auch wenn es nur ein paar Stunden sind, die das Paar „Baby-frei" bekommt, um gemeinsam etwas zu unternehmen, so kann das für die Beziehung und die Stimmung Wunder wirken.

Es gibt natürlich Eltern, die auch später ihr ganzes Dasein nach dem Kind ausrichten, weil sie alles richtig machen wollen – dem Nachwuchs soll der perfekte Start ins Leben ermöglicht werden. Diese Einstellung ist zwar im Grunde lobenswert, mit der ausschließlichen Fokussierung auf die Bedürfnisse des Kindes wird aber beiden Teilen kein Gefallen getan. Denn auch Mama und Papa haben Ansprüche und wenn die der Eltern auf lange Sicht vernachlässigt werden, hat das negative Auswirkungen sowohl auf die Paarbeziehung wie auf das Kind selbst. Für eine gesunde Entwicklung und ein glückliches Dasein braucht dein Spross keine Rundumbetreuung. Viel besser lebt es sich mit dem Motto: „Es ist schön, dass du in unserem Leben bist, es geht aber nicht immer nur um dich".

Ein Kind ist durchaus in der Lage zu lernen, dass auch die Bedürfnisse der anderen wichtig sind und dass es nicht immer die erste Geige spielt und geduldig warten muss. Die Fähigkeit zurückzustecken ist für das spätere Leben von großer Wichtigkeit. Lernt ein Kind das nicht rechtzeitig, erziehst du dir einen Tyrannen, der dir auf der Nase herumtanzt und als Erwachsener enorme Schwierigkeiten haben wird, sich in seinem sozialen Umfeld zurechtzufinden.

Besser, als den gesamten Tagesablauf nach dem Kind auszurichten, ist es, den Nachwuchs so gut es geht in die Abläufe zu integrieren. Kinder helfen zum Beispiel gern bei der Hausarbeit mit, wenn sie spielerisch mit einbezogen werden. Auch können die Kleinen durchaus lernen, sich alleine zu unterhalten und dazu braucht es keinesfalls Smartphone oder TV! Wenn Kindern langweilig ist und man sie lässt, dann entdecken sie schnell viele faszinierende Dinge des täglichen Lebens, mit denen sie sich lange Zeit beschäftigen können.

Wichtig ist es, die richtige Balance zu finden. Natürlich braucht dein Nachwuchs jede Menge Liebe, Zuwendung und Aufmerksamkeit. Darüber solltest du aber nicht vergessen, dass auch deine Partnerin diese Dinge benötigt, um eure Beziehung auf Dauer glücklich zu gestalten. Nicht zuletzt darfst du dich selbst nicht vernachlässigen, denn du bist vor allem Mensch und nicht nur eine funktionierende Maschine.

5. Klischee: Durch ein Baby verliere ich meine Unabhängigkeit und alle Freiheiten

Diese Befürchtung, die persönliche Freiheit zu verlieren, ist der Hauptgrund, warum sich Deutsche gegen die Gründung einer Familie entscheiden. Die Angst davor ist noch größer als vor den Kosten eines Kindes oder den eventuell verpassten Karrierechancen. Und zugegeben: Manche Dinge, die du als Junggeselle problemlos auf die Reihe bekommst, sind mit einem Kind im Schlepptau nicht mehr so ohne weiteres möglich. Tage auf der Couch verfaulenzen, die Motorradtour durch die französischen Alpen oder die Kneipentour mit den Kumpels gehören zu den eher seltenen Ereignissen im Leben eines Neu-Vaters. Denn deine Entscheidungen über den Tagesverlauf kannst du jetzt nicht mehr für dich alleine treffen. Es gilt, die Bedürfnisse der Familie mit einzubeziehen. Das passt natürlich nicht besonders gut in die heutige Zeit, wo sehr viel Wert auf individuelle Entscheidungsfreiheit gelegt wird. Aber ist deshalb die Zukunft grau und öde? Oder gibt es vielleicht auch ein Leben nach dem Kind? Ist es nicht eher so, dass man sich mit der nostalgischen Rückschau auf die verlorenen Freiheiten den Blick nach vorne blockiert – auf ein neues, spannendes und erfülltes Leben und auf eine tolle und glückliche Lebensperspektive?

Denn das Leben geht auch mit Kind weiter. Nach den ersten Wochen ist dein Spross schon durchaus in der Lage, mit auf Tour zu gehen. Längere Ausflüge oder auch ein Urlaub mit einem wenige Wochen alten Baby sind kein Problem. Babys machen viel mit, solange sie nur die schützende Anwesenheit von Mama und Papa spüren können. Die bezahlte Elternzeit bedeutet, dass heute auch Dinge möglich sind, die früher fast undenkbar waren. Wie wär's zum Beispiel mit einem längeren Auslandsaufenthalt als Paar mit Baby? Es gibt unzählige Aktivitäten, die auch mit kleinen Menschen Spaß machen – es muss nicht unbedingt eine Motorradtour sein. Inzwischen haben sich viele Veranstalter auf Familien mit Kindern eingestellt, Familienfreundlichkeit steht hoch im Kurs. Ob Musikfestivals, Cafés oder Restaurants, es gibt heutzutage wenige Orte, wohin man die Kleinen nicht mitnehmen kann. Und oft macht es sogar noch mehr Spaß, wenn sie dabei sind.

Wenn ihr euch als Paar absprecht und euch ab und zu Freiräume einräumt, dann kannst du dir auch im gewissen Rahmen deine Unabhängigkeit bewahren. Ein- oder zweimal die Woche solltet ihr euch gegenseitig unterstützen, eure Hobbys zu pflegen oder Freunde zu besuchen. Du solltest diese kleinen Freiheiten unbedingt nutzen, denn wer ausschließlich im Dienst der Arbeit und der Familie ist, wird mit der Zeit frustriert und kann irgendwann nur noch die negativen Seiten sehen. Wenn es euch gelingt, als Familie die Balance zwischen Verpflichtung und persönlicher Freiheit zu finden, dann könnt ihr auch das voll auskosten, was Kinder eigentlich bedeuten: **großes Glück und Lebensfreude**.

Interessant, dass alle vorgenannten Klischees dazu anregen, Kinder in erster Linie als Belastung wahrzunehmen. Dass sie aber in aller Regel eine unglaubliche Bereicherung des Daseins darstellen, wird dabei ausgeklammert. Wie ein Kind die Sicht auf das Leben und auf Prioritäten verändert versteht man erst, wenn man das kleine Bündel im Arm hält. Manche Dinge, die einem Junggesellen als fast lebensnotwendig erscheinen, sind plötzlich nicht mehr so wichtig. Niemand sagt, dass das Leben mit Kind keine Hindernisse bereithält. Mit Mut, Gelassenheit und einer Portion gesunden Menschenverstandes lassen sich aber die meisten Klippen umschiffen. Die Verantwortung für ein Kind zu übernehmen, gibt vielen Männern das Gefühl, zum kompletten Menschen gereift zu sein – trotz aller begründeten und unbegründeten Schwierigkeiten.

Die Erziehung des Kindes

Von dem berühmten Schweizer Pädagogen Johann Heinrich Pestalozzi stammt der Satz „Erziehung ist Vorbild und Liebe – sonst nichts." So einleuchtend das auch klingen mag, du solltest als werdender Vater doch noch ein wenig mehr über die Grundlagen der Erziehung erfahren.

Das Wort „Erziehung" klingt danach, dass das Kind in eine vorgegebene Bahn „gezogen" werden soll. Dieser etwas gewalttätig anmutende Ausdruck hat aber eigentlich eine völlig friedliche Bedeutung: Unter Erziehung versteht man die Gesamtheit aller pädagogischen Maßnahmen, die dazu dienen, das Verhalten von Kindern in eine bestimmte Richtung zu lenken. Alle Kinder werden von ihren Eltern auf eine gewisse Weise erzogen, dabei werden aber völlig verschiedene Erziehungsstile angewandt. Im Folgenden gehen wir näher auf unterschiedliche Stile ein und erklären die Vor- und Nachteile der jeweiligen Herangehensweisen. Wann sollte mit der Erziehung eines Kindes angefangen werden? Gibt es richtige und falsche Erziehung und welches ist der beste Erziehungsstil, um den Nachwuchs auf das spätere Dasein als Erwachsene vorzubereiten? Diese und andere Fragen werden in diesem Kapitel beantwortet.

Wann mit der Erziehung beginnen?

Über den richtigen Zeitpunkt, wann mit der Erziehung eines Kindes angefangen werden sollte, gehen die Meinungen auseinander. „Erziehung beginnt mit der Geburt" ist die eine Expertenansicht, „Kinder im ersten halben Lebensjahr sind entwicklungsbedingt noch nicht in der Lage zwischen richtig und falsch zu unterscheiden", so die andere. Das ist vor allem eine Frage der Definition. Wenn der Begriff der Erziehung nicht nur das Aufzeigen von Grenzen beinhaltet, sondern auch das Vermitteln von Sicherheit und Urvertrauen, dann beginnt diese tatsächlich schon im frühesten Säuglingsalter. In den ersten 6 Lebensmonaten sind Babys darauf angewiesen, dass ihre Bedürfnisse nach Aufmerksamkeit, Zuwendung und Nähe von den Eltern erfüllt werden. Durch die Befriedigung dieses Verlangens gewinnen Kinder die sichere Geborgenheit, um sich später im Leben zu behaupten.

Die Einführung von Regeln und Grenzen beginnt, wenn das Kind sich selbstständig fortbewegen kann und anfängt, das Haus unsicher zu machen. Denn wenn das Baby erst mal los krabbelt, kommen die Eltern nicht mehr um den Gebrauch des Wortes „Nein" herum. Sogar in einer kindersicheren Wohnung lauern noch jede Menge Gefahren. Kleinteile, Elektrokabel, Teller, Tassen und vieles mehr, was vor Kinderhand und -mund in Sicherheit gebracht werden muss. In dieser Zeit beginnt das Kind auch seinen eigenen Willen zu entwickeln und der unterscheidet sich manchmal erheblich von den Interessen der Eltern. Es erfordert viel Geduld und Übung, bis das Baby den Unterschied zwischen richtig und falsch verstehen kann. Erst mit Ende des zweiten Lebensjahres begreift es den Sinn von Regeln und Verboten. Besser als Anordnungen oder gar eventuelle Strafen sind auch schon im Kleinkindalter positive Erziehungsansätze. Lob und Ermutigung, wenn dein Kind etwas richtig gemacht hat, sind wesentlich effektiver als Schimpfen oder strenges Maßregeln. Daneben profitiert es auch von einem einfach verständlichen familiären Regelwerk, an das sich alle halten. Denn sanft gesetzte Grenzen vermitteln Kleinkindern ein Gefühl von Sicherheit.

Erziehungsstile

Alle Eltern haben einen Erziehungsstil. Das muss ihnen gar nicht bewusst sein, aber gewollt oder ungewollt fällt die Art und Weise, wie Mutter und Vater die Kinder auf ihrem Weg begleiten, in eine bestimmte Kategorie. Fast nie erziehen Eltern nach nur einem Stil. In den allermeisten Fällen ist ein Gemisch aus vielen Ansätzen, die sich dazu auch noch je nach Alter des Sprösslings und anderer Gegebenheiten verändern können. Manchmal erziehen Vater und Mutter das Kind auf völlig unterschiedliche Weise. In der Regel jedoch überwiegt in der Familie ein bestimmter Erziehungsstil. Dieser lässt sich in eine der heute gebräuchlichen Kategorien einordnen. Du erhältst hier einen Überblick über die verschiedenen Erziehungsstile mit ihren Vor- und Nachteilen. Anschließend geben wir Hinweise darauf, was nach heutiger Expertenmeinung ein erfolgversprechendes Erziehungskonzept ist. Mit diesem Wissen bist du für die anstrengende, aber auch spannende und erfüllende Aufgabe als Erzieher deines Kindes gut gerüstet.

Die Elterndiktatur – der autoritäre Erziehungsstil

Bis in die 60-er Jahre des vorigen Jahrhunderts war der autoritäre Stil die vorherrschende Erziehungsmethode. Aber bis heute werden Kinder in vielen Kulturkreisen mit autoritären Mitteln erzogen. Hier herrscht eine klare Hierarchie: Vater und Mutter sind die Bosse – das Kind hat nichts zu melden. Es wird sehr viel Wert auf Folgsamkeit gelegt, Widerworte werden nicht geduldet. Pariert der Nachwuchs nicht zufriedenstellend oder werden die hohen Erwartungen in puncto Leistung nicht erfüllt, dann hagelt es Kritik und Strafen. Diese reichen von Tadel und Verboten bis zur körperlichen Züchtigung. Die Meinung des Kindes zählt nicht, es wird auch nicht diskutiert: „Solange du deine Füße unter meinen Tisch stellst, tust du, was ich sage" klingt vielen noch im Ohr, die unter einem derartigen Erziehungsstil gelitten haben. Es gibt viele Eltern, die zwar streng mit ihren Kindern sind, es aber trotzdem schaffen, eine herzliche und zugewandte emotionale Verbindung mit ihrem Nachwuchs herzustellen. In einer Familie mit autoritären Grundsätzen fehlt diese enge Beziehung fast vollständig. Liebevolle Gesten sind nahezu unbekannt, Anerkennung erfährt das Kind nur, wenn es ihm gelingt, die hochgeschraubten Erwartungen der Eltern zu erfüllen. Raum für Kreativität und eigene Entwicklung gibt es sehr wenig, denn das Leben ist in jeder Hinsicht nach den Vorgaben und der Weltsicht der Eltern ausgerichtet. Autoritär erzogene Kinder übernehmen häufig später selbst den elterlichen Erziehungsdrill und drangsalieren ihren eigenen Nachwuchs mit denselben Maßnahmen. Kein Wunder, dass ein derartiger Erziehungsansatz zu einer hochneurotischen Familiendynamik führen kann.

Welche Auswirkungen hat nun eine autoritäre Erziehungsweise auf das heranwachsende Kind und lassen sich eventuell auch positive Aspekte herausstellen?

Wie nicht anders zu erwarten werden aus autoritär erzogenen Kindern selten ausgeglichene und glückliche Erwachsenen. Die repressive Herangehensweise der Eltern hat zur Folge, dass viele positive Aspekte der Persönlichkeit unterdrückt werden und nicht zur Geltung kommen. Dadurch, dass dem Kind nicht erlaubt wird, von fest vorgegebenen Bahnen abzuweichen, werden Kreativität und Spontaneität stark eingeschränkt. Die Möglichkeit, zu einem selbstbewussten und freien Individuum heranzuwachsen, sind damit enorm limitiert. Selbstentfaltung ist jedoch eine der wichtigsten Zutaten, die einen zufriedenen Erwachsenen ausmachen. Wer nie gelernt hat, seine Grenzen auszutesten, erlaubt es sich auch später im Leben selten, abseits der ausgetretenen Pfade sein Glück zu suchen.

Eigenschaften wie Selbstständigkeit oder Kommunikationsfähigkeit werden mit einem autoritären Erziehungsstil nicht gefördert. Das Kind wird daran gewöhnt, Anweisungen auszuführen und diese nicht zu hinterfragen. Im späteren Berufsleben werden aus diesen Kindern meist unterwürfige Befehlsempfänger oder strenge und rigide Chefs.

Auch die Eltern-Kind-Beziehung leidet unter einer solchen Herangehensweise. Eine liebevolle emotionale Bindung lässt sich in einer stark reglementierenden und strafenden Beziehung nur schwer aufbauen.

Auch im sozialen Umfeld haben es Kinder aus autoritären Haushalten nicht leicht. Sie zeichnen sich oft durch aggressives Verhalten – besonders gegenüber Schwächeren – aus. Dabei ist das aggressive Auftreten häufig nur ein missglückter Versuch, Aufmerksamkeit zu bekommen. Die unterentwickelte Kommunikationsfähigkeit steht dem Entstehen von echten Freundschaften entgegen.

Im Extremfall kann der autoritäre Erziehungsstil im Erwachsenenalter zu allerlei psychischen Störungen führen. Dazu gehören nicht nur Zwangsstörungen und Angsterkrankungen, auch narzisstische und sadistische Persönlichkeitsstörungen können unter Umständen die Folge sein.

Nicht umsonst wird diese Art der Erziehung in der Zwischenzeit von Pädagogen sehr kritisch gesehen. Allerdings gibt es auch einige wenige Aspekte, die für die Anwendung autoritärer Elemente in der Kindererziehung sprechen. Zum einen ist es manchmal nicht möglich, ohne klare Ansagen auszukommen. Wenn zum Beispiel deine 13-jährige, pubertierende Tochter mit ihrem ersten Freund auf dem Rücksitz seines frisierten Mopeds in die Disco will, dann hilft eben nur ein klares „Nein". Eine Diskussion ist in diesem Fall unnötig, auch wenn du dir dadurch den Unmut deiner Tochter zuziehst. Zum anderen hilft es, gewisse autoritäre Strukturen zu kennen und zu lernen, damit umzugehen. Denn im Berufsalltag lässt sich der Typ des autoritären Chefs nur schwer vermeiden. Es hilft, wenn man dieser Spezies Mensch nicht ganz unvorbereitet begegnet.

Die antiautoritäre Erziehung – Selbstverantwortung und Kreativität als Ziel

In den 1960er Jahren entwickelte sich als Gegenbewegung zu autoritären Ansätzen die antiautoritäre Erziehungsweise. Pflicht, Disziplin und Unterordnung wurden jetzt nicht mehr als Tugenden empfunden, sondern als altmodische Unterdrückungsmaßnahme, die auf den Müllhaufen der Geschichte gehörten.

Die antiautoritäre Erziehung stellte nun ganz andere Regeln auf. Als Oberste, dass es keine Regeln gibt. Die Persönlichkeitsentfaltung des Kindes soll so gut wie möglich gefördert werden. Dafür wird dem Kind ziemlich freie Hand gelassen und kein Zwang ausgeübt. Das Wort „Nein" besitzt Seltenheitswert. Entscheidungsfreiheit schon von klein auf soll Kindern Selbstbewusstsein und Selbstrespekt vermitteln. Sie tragen dann allerdings auch die Verantwortung für ihre Entscheidungen. Die Eltern verhalten sich den Kindern gegenüber wertschätzend und wohlwollend. Anstatt Befehle zu geben, machen sie Vorschläge und Angebote, die das Kind annehmen kann oder auch nicht. Die strenge Hierarchie, die den autoritären Erziehungsstil kennzeichnet, ist hier also vollständig aufgehoben. Das zeigt sich auch darin, dass der Nachwuchs seine Eltern nicht mit „Mama" oder „Papa" betitelt, sondern sie mit dem Vornamen anspricht. Damit wird demonstriert, dass sich die Mitglieder der Familie unabhängig vom Alter als Person auf einer Augenhöhe bewegen.

Alle negativen Aspekte der autoritären Erziehung und ihre Auswirkungen auf das Kind und seine Entwicklung sollten von nun ab in ihr Gegenteil verkehrt werden. Kreativität, Gemeinschaftsfähigkeit, Selbstentfaltung und Kommunikationsvermögen sollten durch den antiautoritären Erziehungsstil gefördert werden, in der Hoffnung, die Kinder zu freien, verantwortungsvollen und selbstbewussten Erwachsenen heranwachsen zu sehen.

Doch können diese Ansprüche tatsächlich in der Realität verwirklicht werden? Und wie kommt es, dass der antiautoritäre Erziehungsstil nach seinem Höhenflug in den 70-er Jahren inzwischen sehr an Bedeutung verloren hat? Die Vorteile dieses Erziehungsansatzes liegen auf der Hand und wurden auch in verschiedenen wissenschaftlichen Studien bestätigt.

Durch eigenständiges Entscheiden schon von früher Kindheit an, lernen Kinder, Verantwortung für ihr Handeln zu übernehmen, auch das Selbstvertrauen wird gestärkt. Durch das Fehlen strenger hierarchischer Strukturen fühlen sie sich wertgeschätzt und ernst genommen. Antiautoritär erzogene Kinder sind kreativer, selbstständiger und konfliktfähiger als Altersgenossen, die mit anderen Maßstäben erzogen wurden. Sie lernen, ihre Stärken und Schwächen zuverlässiger einzuschätzen, und wissen ihre eigenen Bedürfnisse wahrzunehmen. Spontaneität und Fantasie sind positive Begleiterscheinungen einer antiautoritären Erziehung. Ein Nebeneffekt für die Eltern ist außerdem, dass es wenig Anlässe für Konflikte mit ihren Kindern gibt, da ihnen wenige Grenzen gesetzt werden.

Doch haben sich über die Jahre auch eklatante Nachteile dieser Erziehungsform gezeigt. Denn die Utopie des freien und selbstbewussten Menschen, der sich nach seiner antiautoritären Kindheit und Jugend selbstsicher und sozial in der Gemeinschaft bewegt, stieß in der Realität letztendlich an ihre Grenzen. Kritik an diesem Erziehungsstil wurde von vielen Seiten geäußert, nicht zuletzt von Lehrern der antiautoritär erzogenen Kinder. Sie argumentierten, dass durch das Fehlen von Grenzen und durch den Verzicht auf Regeln ein Heer flegelhafter Egoisten herangezogen würde, die im späteren Leben große Schwierigkeiten hätten, sich in ein soziales Gefüge einzugliedern. Weitere unerwünschte Auswirkungen wurden nach und nach deutlich: Die Erwartung, dass Kinder schon im Kindergartenalter in der Lage sind, selbstständige Entscheidungen zu treffen, erwies sich als überoptimistisch. Kinder in diesem Alter können die Auswirkungen ihrer Entscheidungen noch nicht abschätzen und handeln ausschließlich nach dem Lustprinzip. Dass die kleinen Hedonisten später in der Schule ihre Hausaufgaben lieber nicht machten und die Leistungen dann oft zu wünschen übrigließen, war die logische Folge davon. Durch die Erfahrung von Grenzen und der Fähigkeit, sich in bestimmten Situationen einzuordnen, wird letztendlich die soziale Kompetenz geschult. Ein Mangel in dieser Hinsicht kann antiautoritär erzogene Kinder schnell zu Außenseitern machen, da sie durch ihre Ich-Bezogenheit bei Spielkameraden und Erwachsenen ständig anecken. Gemeinschaft findet eben nicht nur im "Ich", sondern auch im "Du" statt.

Der autoritative Erziehungsstil – der goldene Mittelweg

Da beide Erziehungsstile, autoritär und antiautoritär, sich in vieler Hinsicht als unzulänglich erwiesen haben, wird von vielen Erziehungsexperten der autoritative Stil als die beste Erziehungsform angesehen. Der autoritative

Erziehungsstil wird auch oft dem demokratischen Erziehungsansatz gleichgestellt. Er verbindet positive Elemente aus verschiedenen Erziehungsstilen: Dem Kind werden klare Regeln vorgegeben, die es zu befolgen hat, es wird aber gleichzeitig auf einen liebevollen Umgang geachtet, der von Unterstützung und Zuwendung geprägt ist. Eventuelle Regelverletzung werden von den Eltern konsequent geahndet. Körperliche Züchtigung ist aber absolut tabu, Strafen sollen verhältnismäßig sein. Das Kind weiß schon vorher, welche Strafe es zu erwarten hat, wenn es die Regeln bricht. Haben die Kinder dagegen etwas gut gemacht, werden sie mit der gleichen Konsequenz entsprechend gelobt. Offene Kommunikation, gegenseitiger Respekt und ein hohes Maß an Eigenverantwortung prägen diese Erziehungsform. Die Eltern stellen hohe Ansprüche an ihren Nachwuchs und haben eine Erwartungshaltung, dass diese erfüllt werden. Gleichzeitig sind sie aber bereit, dem Kind die entsprechende Unterstützung und Hilfestellung zu geben, um diesen Ansprüchen gerecht zu werden. Die Wünsche der Eltern und die Gründe für das Aufstellen von Regeln werden dem Kind im Gespräch erklärt, es werden dabei auch die Meinungen und Wünsche des Kindes berücksichtigt. Dadurch entsteht ein enges Familienverhältnis. Dem Erlernen von Umgangsformen, um sich in Gesellschaft der Situation entsprechend zu verhalten, wird ein hoher Stellenwert zugemessen. Der autoritative Erziehungsstil stellt eine Gratwanderung dar: Das Kind steht zwar im Mittelpunkt, es gelingt den Eltern aber gleichzeitig, sich nicht selbst aus den Augen zu verlieren und auch ihre eigenen Bedürfnisse wahrzunehmen.

Diese etwas abstrakten Ausführungen können an einem praktischen Beispiel erläutert werden. Die Familienregel kann lauten: Der Fernseher wird erst angemacht, wenn die Hausaufgaben gemacht sind. Diese Regel wird dem Kind auch deutlich erklärt. Sind die Hausaufgaben erledigt und das Kind fragt, ob es jetzt fernsehen kann, wird es gebührend gelobt. Umgeht es die Regel aber und macht trotzdem den Fernseher an, dann ist ihm schon vorher klar, welche Konsequenzen dieses Verhalten hat. Das kann beispielsweise Fernsehverbot oder eine andere Einschränkung sein. Entscheidend ist, dass die angedrohte Maßnahme auch wirklich durchgeführt und nicht nur angedroht wird, sonst läuft dieser Erziehungsansatz ins Leere. Gar nicht so einfach für die Eltern, immer konsequent zu bleiben!

Dieser Erziehungsform, die einerseits von klaren Regeln, aber auch von einer engen emotionalen und liebevollen Bindung geprägt ist, werden viele Vorteile zugeschrieben: Kinder, die in einer autoritativ geprägten Familie groß geworden sind, zeichnen sich durch ein hohes Selbstwertgefühl und ein hohes Maß an Selbstständigkeit aus. Durch die zuverlässige Unterstützung vonseiten der Eltern zeigen sie in der Regel hohe Leistungen in der Schule. In Verbindung mit einer hohen Sozialkompetenz führt das im späteren Erwachsenenleben zu einer hervorragenden Berufsperspektive. Autoritativ erzogene Kinder zeigen eine geringe Neigung zu Verhaltensauffälligkeiten und fallen auch später selten durch Drogenkonsum oder psychische Störungen auf. Insgesamt ist der autoritative Stil demnach sehr gut geeignet, Kindern zu einer stabilen psychischen und sozialen Entwicklung zu verhelfen. Eine Familienatmosphäre, die von Vertrauen und Liebe geprägt ist, wo es gleichzeitig klare Grenzen und Regeln gibt, scheint eine gute Basis für Kinder auf ihrem Weg zu glücklichen Erwachsenen zu sein, die sich frei entfalten können.

Gibt es auch Nachteile des autoritativen Stils? Wenige, wenn man einmal davon absieht, dass von Mutter und Vater ein sehr hohes Engagement in der Erziehungsarbeit verlangt wird. Die von den Eltern erwartete Konsequenz, mit der Regelverstöße verfolgt werden sollen, wirkt manchmal unverhältnismäßig und etwas harsch. Liebevolle Eltern wissen aber, wann sie situationsbedingt ein oder auch mal beide Augen zudrücken können.

Die meisten Kinder wachsen mit einem der vorgenannten Erziehungsstile auf. Daneben gibt es noch einige Zwischenformen und Stile, die aufgrund ihrer negativen Auswirkungen auf die Entwicklung des Kindes abzulehnen sind.

Der nachgiebig-permissive Erziehungsstil

Bei der Beschreibung der Erziehungsstile verschwimmen oftmals die Grenzen zwischen den verschiedenen Ansätzen. Der permissive oder nachgiebige Stil wird unter die antiautoritären Erziehungsstile eingeordnet, gleichzeitig wird er oft dem sogenannten laissez faire Stil gleichgesetzt. Dessen Merkmal ist allerdings das völlige Fehlen von Grenzen oder Regeln. Auch der nachgiebige Erziehungsstil kennt sehr wenige Reglementierungen, die Eltern tolerieren in hohem Maße das Verhalten ihrer Kinder. Eine Lenkung durch Vater oder Mutter findet praktisch nicht statt, Strafen oder Konsequenzen für Fehlverhalten gibt es nicht. Die Eltern agieren gegenüber dem Nachwuchs passiv, weshalb dieser Erziehungsstil oft dem Vorwurf der Vernachlässigung ausgesetzt ist. Da die Kinder wenig Impulse erhalten, bleiben sie weitgehend sich selbst überlassen und eventuelle Entwicklungsschritte werden höchstens in Eigeninitiative vollzogen. Das verlangt von Kindern ein hohes Maß an Selbstständigkeit. Brauchen sie Hilfe, müssen sie die Eltern selbst danach fragen. Sie erhalten die gewünschte Unterstützung dann aber auch. Überhaupt ist das Familienleben durch eine liebevolle Atmosphäre geprägt, die Kinder werden oft verwöhnt und überbehütet. Die sogenannten „Helikoptereltern", die ihre Kinder auf Schritt und Tritt bewachen, um sie vor allen erdenklichen Gefahren des täglichen Lebens zu bewahren, pflegen häufig einen nachgiebigen Erziehungsstil. Anders als in einer autoritativen Familie wird an das Kind praktisch keine Forderungen gestellt, dadurch wächst es mit einem nur gering entwickelten Bewusstsein für Strukturen auf. Das führt im späteren Leben häufig zu Schwierigkeiten, weil die Fähigkeit nie erworben wurde, sich in bestehende Gesellschaftsstrukturen einzugliedern.

Das Kind erfährt nur wenig Unterstützung und muss sich selbst darum kümmern, seine Bedürfnisse erfüllt zu bekommen. Daher sind Kinder aus permissiven Familien sehr gut fähig, ihre Wünsche zu artikulieren und durchzusetzen. Das aber oft auf Kosten der anderen Menschen in ihrer Umgebung. Durch das passive Verhalten der Eltern entsteht eine nur schwach ausgeprägte Eltern-Kind-Bindung, was sich im späteren Erwachsenenleben fortsetzt, indem die so erzogenen Kinder Probleme haben, tiefe emotionale Bindungen mit ihren Mitmenschen einzugehen. Das wirkt sich natürlich auch häufig auf das Liebesleben aus. Warum Eltern sich dazu entschließen, ihre Kinder mithilfe dieses Stils zu erziehen, ist umstritten. Es wird angenommen, dass es oft gar keine bewusste Entscheidung ist, sondern dass die

Eltern entweder überfordert sind oder dass ihnen der Wille oder die Fähigkeit fehlt, ihre Rolle als Erzieher zu erfüllen.

Der nachlässig-negierende Erziehungsstil

In einem Haushalt aufzuwachsen, in dem ein negierender Stil vorherrscht, hat für ein Kind gravierende negative Folgen. Eigentlich ist es gar kein Erziehungsstil, denn eine Erziehung im eigentlichen Sinne findet überhaupt nicht statt. Die Eltern zeigen keinerlei Interesse an ihrem Nachwuchs und verhalten sich ihren Kindern gegenüber vollständig passiv. Die Kinder bleiben sich selbst überlassen, Regeln oder Grenzen kennen sie nicht. Durch die gleichgültige Haltung der Eltern kann auch keine positive emotionale Verbindung aufgebaut werden. Das führt im späteren Leben zu Bindungsunfähigkeit und schweren Defiziten im sozialen Verhalten. Die fehlende Sozialkompetenz wird dann oft durch eine aggressive Grundhaltung ersetzt. Selbstwertgefühl? Fehlanzeige - das Kind bekommt von zu Hause keinerlei Möglichkeiten geboten, ein solches zu entwickeln. Wenn es Glück hat, erhält es von seinem weiteren sozialen Umfeld positive Impulse und Zuwendung, ansonsten sehen die Zukunftsaussichten für Kinder aus diesen Familien oft düster aus. Geistige, psychische und körperliche Verwahrlosung sind die traurigen Folgen eines negierenden Erziehungsstils. Die Gefahr von späterem Alkohol- und Drogenkonsum und erhöhter Gewaltbereitschaft gehen mit diesem Erziehungsstil einher.

Welcher Erziehungsstil ist der Richtige für mich? Flexibilität und Balance!

Auch wenn von Experten ein demokratischer oder autoritativer Erziehungsstil sehr positiv bewertet wird, so zeigt sich in der Praxis, dass die Reduktion auf einen bestimmten Stil zu kurz greift. Kinder haben unterschiedliche Anlagen und Charaktereigenschaften und absolvieren im Verlauf der Kindheit verschiedene Entwicklungsstufen. Aber auch die Eltern sind nur Menschen. Deshalb wird die Erziehung deiner Kinder eher aus Elementen verschiedener Stile bestehen. Natürlich solltest du in der Theorie immer geduldig und verständnisvoll deinem Kind gegenüber sein, wenn du aber müde von der Arbeit nach Hause kommst und die Kinder Amok laufen, dann verlierst du auch als sanfter Papa ab und zu die Geduld und wirst autoritär. Das ist auch gar nicht schlimm und macht dich nicht zum schlechten Vater. Mittlerweile wird das auch von Erziehungswissenschaftlern so gesehen und sie empfehlen einen sogenannten flexiblen Erziehungsstil, der sich im Grundsatz am demokratischen oder autoritativen Stil orientiert. Das Zauberwort heißt hier: situationsbedingt. Die Kinder werden immer mit Respekt und Liebe behandelt, in bestimmten Situationen ist es den Eltern aber auch durchaus gestattet, durchzugreifen und Entscheidungen für die Kinder völlig undemokratisch zu fällen. Zu anderen Zeiten können dann Dinge wieder in Ruhe ausdiskutiert und gemeinsam entschieden werden. Die Eltern haben also hier die Freiheit, nicht nach einem festen Erziehungsmuster vorzugehen, sondern je nach Lebenslage das geeignete Mittel eines bestimmten Erziehungsstils zu verwenden. Die Eltern zeigen sich in einem flexiblen Erziehungsstil den Kindern sehr zugewandt und haben großes Interesse, sie nach Möglichkeit zu fördern. Sie lassen ihnen genügend Freiraum, sodass sie

Selbstständigkeit und Kreativität entwickeln können. Auf eine enge emotionale Bindung zwischen Eltern und Kind wird großer Wert gelegt. Warmherzigkeit und liebevoller Umgang prägen diesen Erziehungsstil, ohne dabei die Kinder zu verweichlichen, sie in Watte zu packen oder ihnen keine Grenzen aufzuzeigen.

Trotz allen Hintergrundwissens bleibt die Frage immer noch offen: Wie kann ich meinem Kind der beste Papa sein. Alle Theorie der Welt kann das nicht beantworten und nur durch langjährige Praxis wirst du es zur Meisterschaft in deiner Rolle als Vater bringen. Fehler in der Erziehung passieren, die Eltern sind ebenso wenig perfekt wie die Kinder selbst. Oft sind Mama und Papa viel zu selbstkritisch, denn sie wollen alles richtig machen. „Ich habe nicht genug Zeit für meinen Nachwuchs, ich schimpfe zu viel, ich gebe den Kindern zu viel Süßigkeiten, sie schauen zu viel fern": Die Liste der elterlichen Selbstvorwürfe ließe sich fast endlos fortsetzen. Dabei ist den Kindern viel eher damit geholfen, einen entspannten Papa zu haben, der mit sich und seiner Familienwelt im Reinen ist und mit dem man Spaß haben kann. Wenn du dich mit gesundem Menschenverstand und Sensibilität für die Bedürfnisse deiner Kinder – aber auch für deine eigenen – an die Erziehungsarbeit machst, ist schon viel gewonnen. Oft hilft es auch, deiner Intuition zu folgen und – ganz wichtig – das Lachen nicht zu vergessen. Anlässe dazu geben dir deine Kinder in Hülle und Fülle. Der am Anfang zitierte Pädagoge Pestalozzi hat eben doch recht: Mit Liebe und einem Verhalten, das dein Kind als Orientierung und Vorbild nehmen kann, besteht eine sehr gute Chance, dass dein Sprössling zu einem selbstsicheren, fröhlichen und zufriedenen, dabei gleichzeitig kritischen und durchsetzungsfähigen Erwachsenen heranwächst.

Nur keine Panik – nützliche Tipps und Tricks für Väter

Die große Mehrheit aller Geburten findet außerhalb der eigenen vier Wände statt, üblicherweise im Krankenhaus; zunehmend auch im Geburtshaus. Schon einige Zeit vor dem großen Moment – am besten bereits in der 36. Woche – sollte eine Tasche mit allen wichtigen Utensilien bereitstehen. Die sollte alles enthalten, was Mutter und Baby für die Entbindung und die ersten Tage nach der Geburt benötigen. Die folgende Checkliste hilft dir dabei, nichts Wichtiges zu vergessen:

Was gehört in die Tasche fürs Krankenhaus?
Für die Mama
Dokumente

- Mutterpass
- Personalausweis
- Krankenversicherungskarte
- Heiratsurkunde oder Geburtsurkunde bei Unverheirateten: viele Kliniken übernehmen die Registrierung des Neugeborenen beim Standesamt
- Geburtsplan
- Zahnpflegeartikel
- Körperpflege- und Hygieneartikel
- Stilleinlagen
- Binden
- Haargummis

- Evtl. eine Brille statt Kontaktlinsen, die Aufbewahrungsbox auch einpacken
- Ohrstöpsel für Mehrbettzimmer

Kleidung

- Hausschuhe oder Flip-Flops
- Weite Nachthemden
- Bademantel
- Jede Menge Unterwäsche
- Still-BHs
- T-Shirts
- Jogginghosen
- Lieblingspulli
- Bequeme und vor allem warme Socken

Sonstiges

- Zeitschriften, das Lieblingsbuch oder andere Dinge zur Entspannung
- Snacks und Getränke
- Smartphone - Ladekabel und Kopfhörer nicht vergessen
- Falls die Handy-Kamera nicht ausreicht: Fotoapparat

Für das Baby

- Bodys
- Strampler
- Erstlingsmützchen
- Babysöckchen
- Jäckchen
- Babydecke
- Windeln (Größe 1), Feuchttücher und Wegwerfbeutel
- Spucktuch
- Evtl. Schnuller
- Falls nicht gestillt wird: Fläschchen und 1 Paket Pre-Milch

Für den Papa

- Wechselunterwäsche
- bequeme Wechselkleidung
- Pyjama
- Zahnbürste und Zahnpasta

Was gehört in die Wickeltasche?

Mit deinem Baby unterwegs – da kann alles Mögliche passieren; und das meist im unpassendsten Moment. Damit du für alle Eventualitäten gerüstet bist, wenn du mit deinem Neuankömmling das Haus verlässt, empfehlen wir dir die folgende Ausrüstung für die Wickeltasche:

- Mindestens 2 Windeln – nicht vergessen, die Wickeltasche nachzufüllen!
- Feuchttücher (gibt es auch als Mitnahmepackung in Kleingröße)
- Tüten zur Windelentsorgung
- Wundcreme
- Wickelunterlage
- Wechselkleidung: jeweils 2 Bodys, Strumpfhosen oder Socken, Hose, Shirt oder Pullover
- Spucktuch
- Ersatzschnuller
- Bei Flaschenkindern: Trinkflasche, portioniertes Milchpulver, warmes Wasser in der Thermoskanne
- Bei älteren Babys: Babybrei, Löffel und Lätzchen
- Babykekse oder Zwieback
- Ersatz-Lieblingsspielzeug und Bilderbuch
- Pflaster
- Taschentücher
- Wechsel-Oberteil für Papa

Was gehört in die Baby-Hausapotheke?

Für Wehwehchen, Kinderkrankheiten und eventuelle kleine Unfälle solltest du eure Hausapotheke babygerecht aufrüsten. Manche Dinge, wie Verbandsmaterial, können von Erwachsenen und Kleinkindern gleichermaßen verwendet werden. Bei Medikamenten gilt jedoch: Arznei für Erwachsene ist für Kinder in aller Regel tabu. Deshalb sollte die Kinder-Hausapotheke nur Medikamente enthalten, die der Arzt verordnet hat oder über deren Gebrauch du dich mit deinem Apotheker abgesprochen hast. Der sinnvolle Inhalt einer Baby-Hausapotheke sieht folgendermaßen aus:

Grundausstattung

- Digitales Fieberthermometer
- Verbandsmaterial in unterschiedlichen Größen (Pflaster, sterile Wundschnellverbände, Mullbinden)
- Desinfektionsmittel zur Wundsäuberung
- Verbandsschere
- Pinzette
- Einmalhandschuhe
- Leinentuch für Umschläge
- Wärmflasche
- Kleine Taschenlampe

Medikamente und Hausmittel

- Schmerzstillende/fiebersenkende Zäpfchen
- Schmerzstillender/fiebersenkender Saft (bei älteren Kindern)
- Meersalzlösung für verstopfte Nasen
- Wundsalbe
- Sonnenmilch
- Anti-Histamin Salbe für Insektenstiche
- Arnika-Salbe für Verletzungen wie Prellungen und Beulen
- Zahnungsgel
- Entschäumer bei starken Bauchschmerzen
- Evtl. homöopathische Mittel wie Chamomilla gegen Blähungen
- Kamillentee gegen Magenschmerzen
- Anis-, Fenchel- oder Kümmeltee gegen Blähungen
- Salbeitee gegen grippale Infekte

Tipps zur Fütterung mit der Flasche

Manche Säuglinge werden von Geburt an mit der Flasche gefüttert, viele werden während des Stillens mit der Flasche zugefüttert und auch nach dem Abstillen lieben viele Babys ihr Fläschchen. Auch der Papa kann hier die Rolle des Versorgers übernehmen. Mit den folgenden Hinweisen wird das Zubereiten des Fläschchens zum Kinderspiel

• Egal, ob Anfangsmilch oder Folgemilch, lies dir die Anweisungen auf der Packung genau durch. Je nach Hersteller können die Mengen oder die Zubereitungsweise variieren.

• Das Wasser gegebenenfalls für 4 Minuten sprudelnd abkochen, danach auf 40°C abkühlen lassen. Jetzt kann das Wasser mit der entsprechenden Menge Milchpulver im Fläschchen gemischt werden.

• Für die Nacht und unterwegs ist eine Thermoskanne eine praktische Hilfe. Gefüllt mit 40°C warmem Wasser können damit mehrere Fläschchen zubereitet werden. Wichtig: Regelmäßig mit kochendem Wasser ausspülen und nicht für andere Flüssigkeiten verwenden.

• Säuglingsmilch muss immer frisch zubereitet werden, sonst besteht die Gefahr von Keimbildung, was zu Verdauungsstörungen beim Baby führen kann. Überreste in der Flasche deshalb bitte gleich wegkippen.

• Neugeborene sollen die Flaschenmilch bei Körpertemperatur trinken. Ob die Flasche die richtige Temperatur hat, kannst du mit diesem einfachen Test herausfinden: Sprüh ein paar Tropfen auf die Innenseite deines Handgelenks. Spürst du die Flüssigkeit nicht, dann hat sie Idealtemperatur.

Kleiner Tipp noch: Mach den Test, bevor du das Milchpulver in die Flasche leerst. Dies erspart dir ein nachträgliches abkühlen, falls das Wasser zu heiss war.

- Fläschchen und Sauger müssen nach jedem Gebrauch gründlich gereinigt und regelmäßig sterilisiert werden.

Können Babys auch vegetarisch oder sogar vegan ernährt werden?

Immer mehr Eltern ernähren sich fleischlos. Manche verzichten sogar gänzlich auf tierische Produkte – auch Milch, Käse und Eier sind dann auf dem Speiseplan nicht mehr zu finden. Aber ist eine derartige Ernährungsweise auch für Babys und Kleinkinder geeignet? Die Grundaussage von Ernährungsexperten ist: Am besten ist ein gesunder Lebensstil, kombiniert mit einer ausgewogenen und optimierten Mischkost. Diese enthält in aller Regel auch Fleisch. Solltest du jedoch trotzdem entschlossen sein, dein Kind ohne Fleisch zu ernähren, dann solltest du dich auf jeden Fall vorher mit deinem Arzt beraten. Denn du musst sichergehen, dass es deinem Nachwuchs nicht an Nährstoffen mangelt, die er für eine gesunde Entwicklung braucht. Grundsätzlich lässt sich aber in den meisten Fällen Fleisch durch andere Lebensmittel ersetzen. Als Beikost ab dem 5. Bis 7. Monat eignet sich anstelle eines Gemüse-Kartoffel-Fleisch-Breis beispielsweise auch ein Gemüse-Kartoffel-Getreide-Brei mit gleichzeitiger Gabe von Vitamin C-reichem Obstpüree oder auch Obstsaft.

Bei einer veganen Ernährung muss noch stärker auf eine ausgewogene Nährstoffzufuhr geachtet werden, da über Milchprodukte wichtige Vitamine und Nahrungsbestandteile aufgenommen werden. Hier ist die Absprache mit dem Arzt besonders wichtig. Außer auf eine ausreichende Eisenversorgung ist besonders auf die Zufuhr von Jod, Zink und Vitamin B12 zu achten. Oft ist dies nur mithilfe von Nahrungssupplementen möglich, ein Ernährungsprotokoll ist zu empfehlen, falls im Laufe der Zeit Mangelerscheinungen auftreten sollten.

Warum darf ich meinem Baby im ersten Jahr keinen Honig geben?

Eigentlich eine gute Idee, den Baby-Tee mit ein wenig Honig zu versüßen. Babys können jedoch durch den Verzehr von Honig schwer erkranken. Deshalb wird von der Gabe im ersten Lebensjahr stark abgeraten. Der Grund ist, dass im Honig Spuren des Bakteriums Clostridium Botulinum enthalten sein können. Die Darmflora von Erwachsenen hindert das Bakterium an der Ausbreitung, die unterentwickelte Darmflora eines Säuglings hat dem Botulismus-Bakterium dagegen nur wenig entgegenzusetzen. Es kann sich daher explosionsartig im Darm vermehren und produziert Toxine, die in die Blutbahn des Säuglings übergehen. Schwere Vergiftungserscheinungen wie Nerven- und Muskellähmung können die Folge sein. Gefährdet sind vor allem Kinder in den ersten 6 Lebensmonaten, grundsätzlich sollte jedoch bis zum Alter von einem Jahr kein Honig gegeben werden.

Was tun, wenn das Baby nicht aufhört zu schreien?

Es gibt im Leben der meisten jungen Eltern Tage oder Nächte, wo Mama und Papa an ihre Grenzen geraten. Wenn das Baby nämlich ohne ersichtlichen Grund stundenlang schreit und sich durch nichts in der Welt beruhigen lässt, kann das richtig an die Nerven gehen. Dann heißt es vor allem: so gut wie möglich Ruhe bewahren, auch wenn das nicht leichtfällt. Meistens gibt es doch eine Ursache, warum dein Baby untröstlich ist, und du solltest versuchen, diese herauszufinden. Häufige Gründe sind Fieber, eine nasse oder volle Windel oder einfach nur Hunger. Zeigt dein Spross aber keine erhöhte Temperatur, ist frisch gewickelt und gefüttert, aber schreit immer noch wie am Spieß, können auch andere Möglichkeiten in Erwägung gezogen werden:

- Müdigkeit
- Bedürfnis nach Nähe
- Dem Baby ist entweder zu kalt oder zu warm.
- Die Kleidung ist unbequem, zu eng oder ziept und kneift an einer Stelle.
- Das Kind hat Angst vor der Dunkelheit.
- Das Kind fürchtet sich vor unbekannten Geräuschen.
- Es sitzt oder liegt in einer unbequemen Position im Bett oder Autositz.

Die meisten dieser Missstände können einfach behoben werden und vielleicht beruhigt sich das Baby, wenn du es auf dem Arm herumträgst, ihm etwas vorsingst und es dabei sanft schaukelst oder massierst. Wenn du Glück hast, schläft es ein und du kannst dich kurz erholen. Falls das nicht hilft, können auch Ursachen wie Verdauungsstörungen oder Schmerzen vom Zahnen für die schlechte Laune deines Babys verantwortlich sein. Zwar gibt es dafür einige Hausmittel, die Schmerzen werden aber dadurch oft nur abgemildert. Falls sich dein Kind partout nicht beruhigen lässt, dann hilft leider nur eines: aushalten. Wenn möglich sollten die Eltern dann abwechselnd versuchen, den armen Fratz zu besänftigen. Wichtig ist es, niemals die Nerven zu verlieren, denn das Baby schreit nicht, um dich zu ärgern. Eltern, die in dieser Situation die Fassung verlieren und ihren Säugling gar schütteln, können schwere Gehirnverletzungen verursachen. Bevor es auch nur annähernd dazu kommt, solltest du lieber das Kind für eine Weile schreien lassen, den Raum verlassen und eine Zeit lang tief durchatmen. Falls die Schreiperioden länger anhalten und keine Besserung in Sicht ist, sollte der Kinderarzt konsultiert werden. Manche Babys krakeelen einfach mehr als andere: Als Schrei-Babys gelten Kinder, die täglich mehr als 3 Stunden exzessiv schreien und das an 3 Tagen in der Woche über einen Zeitraum von 3 Wochen. Rund 10 % aller Säuglinge fallen in diese Kategorie. Auch hier gilt: Die Schrei- und Unruhezustände sind nur eine relativ kurze Phase und zeitlich begrenzt. Nach dem 6. Lebensmonat werden die Schreiattacken immer seltener.

Bauchweh, Blähungen und Durchfall: Hilfe bei Verdauungsstörungen

Das Verdauungssystem ist bei Säuglingen noch nicht vollständig entwickelt, deshalb kommt es vor allem in den ersten 6 Lebensmonaten häufig zu Störungen. Vor allem im 3. und 4. Monat leiden Kinder oft an der sogenannten Dreimonatskolik. Was genau die Ursachen dafür sind, ist umstritten – Tatsache ist, dass die Kleinen in dieser Zeit Bauchschmerzen haben und an Blähungen leiden. Das äußert sich dann häufig in den oben genannten Schrei Attacken. Es gibt mehrere altbewährte Tricks, die deinem Baby helfen und die Schmerzen lindern können:

• Bauchmassage: Sanft im Uhrzeigersinn die Bauchdecke des Babys massieren, dabei oberhalb des Bauchnabels beginnen. Das hilft, die angestaute Luft durch den Magen-Darm-Trakt langsam abzuführen.

• Fliegergriff: Lege dein Baby mit dem Bauch auf deinen Unterarm, der Kopf ruht in der Armbeuge, mit der freien Hand kannst du es stützen oder sanft den Rücken massieren. Diese Lage wirkt Schmerz-mildernd und hilft dabei, angestaute Luft abzuleiten.

• Kräutertee: Anis-, Fenchel- oder Kümmeltee sind bewährte Hausmittel für Babys mit Bauchschmerzen.

• Sehr gut helfen auch sogenannte Entschäumer: Der Wirkstoff Simeticon verringert die Oberflächenspannung der Luftbläschen im Verdauungstrakt und sorgt so für eine schnellere Abfuhr überflüssiger Gase.

- Homöopathie: Viele Eltern schwören auch auf die Anwendung homöopathischer Mittel zur Linderung der Bauchschmerzen. Hier kommt vor allem Chamomilla zum Einsatz, eine Arznei, die aus Kamillenblüten gewonnen wird. Chamomilla ist als Kügelchen (Globuli), Tropfen oder auch als Tabletten erhältlich.

Durchfall

Wenn ein Säugling mehr als 5 Mal am Tag oder ein Kleinkind mehr als 3 Mal pro Tag dünnen Stuhlgang hat, dann spricht man von Durchfall. Ursachen sind in aller Regel Darminfektionen, ausgelöst durch Viren oder Bakterien. Die Folge von Durchfall sind Flüssigkeitsverlust und Austrocknung. Das kann für Babys schnell gefährlich werden. Was kannst du tun, wenn dein Kind Durchfall hat:

- Säuglinge, die gestillt werden, auf jeden Fall weiter stillen.

- Bei Kindern, die die Flasche bekommen, sollte Tee zugefüttert werden. Am besten eignen sich Fenchel- oder Kamillentee. Dem Tee sollten etwas Salz und Traubenzucker zugesetzt sein.

- Kleinkinder, die schon feste Nahrung zu sich nehmen, sollten 6 bis 8 Stunden nichts essen. Wichtig: auf ausreichenden Flüssigkeitsausgleich achten.

- Die Getränke variieren, um die Versorgung mit unterschiedlichen Inhaltsstoffen sicherzustellen. Auch gesalzene Brühen sind empfehlenswert.

- Häufiges Händewaschen und einwandfreie Hygiene sind jetzt von äußerster Wichtigkeit.

Hilfe beim Zahnen

Schlaflose Nächte und unruhige Tage, weil dein armer Spatz zahnt? Es gibt einiges, was du tun kannst, um deinem Baby diese unangenehme Zeit zu erleichtern:

• Kauen und Kühlen: Vielen Babys verschafft es Linderung, wenn sie auf etwas herumkauen können. Ob das nun Beiß- oder Kauringe oder auch feste Stücke Gemüse sind, sie stimulieren das Zahnfleisch und unterstützen so die ersten Zähnchen beim Durchbrechen. Auch kühle Dinge helfen, den Schmerz erträglich zu machen: Spezielle Beißringe mit Kühlelementen oder ein kalter Löffel sind gleichermaßen geeignet.

• Zahnungsgel aus der Apotheke wirkt beruhigend auf gereiztes Zahnfleisch. Ein gutes Zahnungsgel enthält keinen Alkohol oder Zucker, ist auf pflanzlicher Basis hergestellt, zum Beispiel aus Kamille oder Malve, und hat einen babygerechten Geschmack.

• Kräutertees aus Kamille oder Salbei, die sanft auf das Zahnfleisch gestrichen werden, helfen die Schmerzen zu lindern und Entzündungen zu hemmen.

• Homöopathie: Auch für die Zeit des Zahnens gibt es verschiedene Globuli, die deinem Baby diese Tage erleichtern können. Zu den häufig eingesetzten Globuli gehören Calcium carbonicum, Chamomilla und Belladonna.

• Bernsteinkette: Wissenschaftlich nicht abgesichert, aber trotzdem bei Eltern als Zahnungshilfe beliebt. Durch den Kontakt der Bernsteine mit der Haut sollen angeblich ätherische Öle freigesetzt werden, die schmerzstillend und entzündungshemmend sein sollen. Viele Ärzte warnen allerdings vor dem Einsatz von Bernsteinketten, da die Gefahr von Strangulieren oder Erstickung durch Verschlucken der einzelnen Steine besteht.

Töpfchen-Training – ja oder nein?

Natürlich freut sich der Papa, wenn die Zeit des Windelwechselns zu Ende geht und dein Spross selbstständig ins Töpfchen macht. Aber wann ist der richtige Zeitpunkt, mit dem Training anzufangen, und ist es überhaupt sinnvoll, Kinder dazu zu drängen, nicht mehr in die Windel zu machen? Auch hier gilt wieder der goldene Grundsatz: Keine Panik! Abwarten, bis das Kind von selbst so weit ist und es dabei sanft unterstützen, ist die beste Methode. Kinder entwickeln sich unterschiedlich, manche brauchen schon mit 2 Jahren keine Windel mehr, andere haben auch noch mit 5 den ein oder anderen Unfall. Es gibt einige Tipps und Tricks, wie du deinem Spross bei diesem enormen Entwicklungsschritt helfen kannst:

- Bis zum Alter von 18 Monaten macht auch sanftes Töpfchen Training wenig Sinn, das Gehirn muss sich erst so weit entwickeln, dass es die Signale von Blase und Schließmuskel entsprechend umsetzen kann.

- Kinder geben ab einem bestimmten Alter selbst Signale, wenn sie „Pipi" oder „Kacka" gehen müssen. Wenn sich dein Nachwuchs also still in eine Ecke oder unter den Tisch verzieht oder unruhig auf der Stelle trippelt, dann ist der Zeitpunkt gekommen, dass du ihm das Töpfchen als Alternative zur Windel anbietest.

- Der Übergang zum Töpfchen soll auf jeden Fall spielerisch verlaufen, Zwang bewirkt hier mit Sicherheit das Gegenteil des Gewünschten.

- Lasse die Klotür offen, sodass dein Kind sehen kann, was Mama, Papa und die Geschwister dort machen. Das ist für einen neugierigen Dreikäsehoch kolossal interessant und regt vor allem zur sehr erwünschten Nachahmung an.

- Geduld, Nachsicht und Verständnis führen dazu, dass dein Nachwuchs mit der Zeit fröhlich und problemlos sein Geschäft erst auf dem Töpfchen und wenig später auf der Toilette für die Großen verrichtet. In der Zwischenzeit gibt es bestimmt noch so einige Ausrutscher und Unfälle, das sollte aber kein großes Drama sein – Darm und Blase sind stressempfindlich. Am besten klappt's in einer entspannten Atmosphäre! Jede Menge Lob und Anerkennung im Falle des Erfolgs geben dem Kind enormen Ansporn.

Wie wird die Wohnung kindersicher?

Wenn Kleinkinder anfangen zu krabbeln, dann wachsen auch gleichzeitig die Gefahren für sie. Neugierde und Entdeckerdrang führen zu einem stark steigenden Unfallrisiko im Haus. Nun heißt es: Die Wohnung so gut wie möglich kindersicher machen. Wie das geht, erfährst du hier:

- Achtlos herumliegende Gegenstände stellen eine große Gefahrenquelle dar. Alle Dinge, die gefährlich werden können, sollten aufgeräumt werden, und zwar an einen Platz, der für das Kind nicht erreichbar ist. Gegenstände wie Plastiktüten, Scheren oder Murmeln haben auf dem Boden nichts zu suchen. Batterien, Kleingeld oder Magnete können leicht verschluckt werden.

• Vorhangkordel oder herunterhängende Kabel von Elektrogeräten müssen außerhalb der Reichweite des Kindes sein. Es droht sonst Erstickungsgefahr oder Verletzungsrisiko durch herabfallende Gegenstände. Auch wackelige Dinge wie Regale oder Lampen müssen gesichert werden, auf Tischdecken sollte verzichtet werden, denn sie können leicht heruntergezogen werden – zusammen mit allem, was auf dem Tisch steht.

• Gefährliche Substanzen wie Medikamente oder Reinigungsmittel unbedingt an einem sicheren Ort verstauen. Auch Kosmetika oder Zigaretten müssen unerreichbar aufbewahrt werden. Ein Kleinkind kann durch eine verschluckte Zigarette tödliche Vergiftungen erleiden.

• Kantenschützer an Tischecken vermindern das Verletzungsrisiko.

• Steckdosen sollten mit einer Kindersicherung versehen sein, keine Gegenstände auf dem Boden liegen lassen, die das Kind in die Löcher stecken könnte.

• Treppengitter oder Türgitter sichern gefährliche Areale, von denen das Krabbelkind ferngehalten werden soll.

• Für Glastüren gibt es Splitterschutzfolie, im Falle eines Glasbruchs entstehen so keine gefährlichen Scherben.

• Gute Beaufsichtigung hilft, dein Kind vor Unfällen zu bewahren. Es sollte sich nicht unbeaufsichtigt in einem anderen Raum aufhalten. Das gilt ganz besonders fürs Badezimmer und die Badewanne.

Warum liebt mein Kind die Mama mehr als mich?

Ein Problem, mit dem viele Väter konfrontiert werden, wenn Kinder noch klein sind: „Ich will zur Mama". Trotz aller Liebe und Zuwendung scheint dein Spross seine Mutter zu bevorzugen. Warum das so ist und wie du am besten damit umgehen kannst, erfährst du hier:

Die scheinbare Ablehnung kann verletzend sein und ablehnende Gefühle deinerseits hervorrufen. Dabei ist der Hauptgrund hinter diesem Verhalten recht simpel: Auch Kinder sind Gewohnheitstiere. Zuerst verbringt das Baby mehr als 9 Monate im Bauch der Mutter, anschließend wird es in den meisten Fällen für 3 bis 6 Monate gestillt. Das führt zu einer sehr starken körperlichen Verbundenheit. Falls der Vater, wie in vielen Fällen, kurz nach der Geburt wieder arbeiten geht und die Elternzeit nicht bis zum Äußersten ausreizt, verbringt der Nachwuchs auch nach der Geburt einen Großteil seiner Zeit mit der Mutter – bis zu 80 %. Hier findet ein starker Gewöhnungsprozess statt und im Zweifelsfall sucht das Kind dann eben die Nähe der Hauptbezugsperson. Wenn sich der Vater jetzt beleidigt zurückzieht und selber auf Distanz geht, macht er sich damit selbst das Leben schwer. Auch hier gilt wieder: Geduld und Gelassenheit sind die Devise. Denn spätestens mit 4 Jahren und oft schon vorher entdeckt dein Kind, mit wem es die spannenderen Abenteuer erleben kann. Der Abnabelungsprozess von der Mutter beginnt bereits im 3. Lebensjahr. Dann kommst du voll zum Zuge und ihr könnt im Spiel zusammenwachsen. In vielen Familien haben die Eltern unterschiedliche Kernkompetenzen: Der Papa ist zum Spielen da, die Mutter ist die Trösterin.

Es geht allerdings auch anders herum: Solltest du die Rolle des Hausmanns übernehmen und deine Frau Hauptverdienerin sein, dann ist die natürliche Folge, dass du in der ersten Zeit die Rolle der Hauptbezugsperson übernimmst. In diesem Falle ist es wahrscheinlich deine Partnerin, die mit Gefühlen der Eifersucht zu kämpfen hat.

Von der Wiege bis zur Bahre – Formulare, Formulare!

Mit der Ankunft des neuen Menschleins kommen neue Aufgaben auf die Eltern zu. Denn der frisch gebackene Bundesbürger will registriert werden und das Kindergeld muss beantragt werden. Falls der Papa eine Auszeit vom Beruf nehmen möchte, um Zeit mit der Familie zu verbringen, muss er Elternzeit und Elterngeld beantragen. Die folgenden Hinweise sollen dir helfen, dich dabei besser im Papierdschungel zurechtzufinden.

Kindergeld beantragen

Das Kindergeld ist eine staatliche Transferzahlung an die Erziehungsberechtigten. Die Höhe des Kindergeldes ist dabei abhängig von der Anzahl der Kinder und deren Alter. Seit Mitte 2019 bekommt das 1. und 2. Kind 204,- €, für das 3. Kind gibt es 210,- €, für das 4. und jedes weitere Kind werden 235,-€ ausgezahlt. Bei der Anzahl der Kinder werden auch sogenannte Zählkinder mitgerechnet. Das sind eventuelle Kinder aus einer anderen Beziehung des Antragstellers, für die er zwar kein Kindergeld erhält, die aber in die Berechnung miteinbezogen werden. Alle Erziehungsberechtigten, die in Deutschland wohnen und hierzulande ihren Lebensmittelpunkt haben, besitzen einen Anspruch auf Kindergeld. Das gilt grundsätzlich von der Geburt des Kindes bis zur Volljährigkeit.

Für Eltern mit sehr geringem Einkommen kann unter bestimmten Voraussetzungen zusätzlich zum Kindergeld ein sogenannter Kindergeldzuschlag gezahlt werden. Die Höhe dieses Zuschlages liegt bei 170,-€ pro Kind. Die Zahlung ist abhängig von vielen Bestimmungen, beispielsweise darf ein maximales Haushaltseinkommen bei Paaren von 900,-€ oder 600,-€ bei Alleinerziehenden nicht überschritten werden und es darf kein nennbares Vermögen vorhanden sein.

Der Antrag auf Kindergeld muss schriftlich erfolgen. Dafür kann das Antragsformular entweder ausgedruckt und auf dem Postweg geschickt werden oder aber die Antragsformalitäten werden online erledigt. Die zuständige Stelle für den Kindergeldantrag ist traditionell die Familienkasse, die der Bundesagentur für Arbeit angegliedert ist. Der Kindergeldantrag muss an die jeweilige Familienkasse geschickt werden. Die Zuständigkeit richtet sich dabei nach der örtlichen Agentur für Arbeit, die für den Antragssteller zuständig ist. Das klingt komplizierter, als es ist, die jeweilige Familienkasse lässt sich leicht über das Internet feststellen. Beamte und andere Angestellte im öffentlichen Dienst müssen ihren Antrag dagegen direkt bei ihrem Dienstherrn oder der Vergütungsstelle beantragen.

Da die Bearbeitungsdauer je nach Auslastung der Familienkasse mehrere Wochen dauern kann, solltest du deinen Kindergeldantrag möglichst bald nach der Geburt stellen. Übrigens: Auch wenn dein Kind am letzten Tag eines Monats geboren wird, erhältst du das Kindergeld für den vollen Monat. Alle Formulare für die Beantragung des Kindergeldes gibt es im Internet. Seit es möglich ist, den Antrag auch online zu stellen, ist die Angelegenheit schnell und einfach erledigt. 2 Formulare müssen immer ausgefüllt werden:

der „Antrag auf Kindergeld (KG1 allgemein)" und die „Anlage Kind (zu KG1)". Je nachdem, ob noch Dokumente nötig sind, um den Kindergeldanspruch nachzuweisen, müssen andere Formulare eingereicht werden. Vordrucke für alle Antragsformulare findest du zum Beispiel bei https://www.arbeitsagentur.de/familie-und-kinder

Solltest du es versäumt haben, das Kindergeld gleich nach der Geburt zu beantragen, so kann der Antrag auch rückwirkend gestellt werden, und zwar bis zu einer Frist von 4 Jahren. Ausgezahlt wird es aber nur für die vorhergehenden 6 Monate.

Im internationalen Vergleich belegt Deutschland übrigens einen Spitzenplatz, was die Höhe des Kindergeldes betrifft. Während hierzulande die Mindestsumme 204,- € beträgt, gibt es in Griechenland für ein Kind gerade mal 5,87 € pro Monat, in Spanien sind es nur rund 25,- €. In Frankreich bekommen Eltern dagegen erst ab dem 2. Kind staatliche Leistungen.

Elternzeit beantragen

Was im Volksmund gern als Vaterschaftsurlaub betitelt wird, ist ein gesetzlicher Anspruch auf Freistellung vom Job für die Dauer von bis zu 36 Monaten nach der Geburt eines Kindes. Dabei steht diese Zeit aber nicht nur dem Vater zur Verfügung, sondern beiden Elternteilen, sodass theoretisch beide – Vater und Mutter – 36 Monate von der Arbeit pausieren können. Die Elternzeit ist für alle Arbeitnehmer gesetzlich verankert, dabei ist es nicht von Bedeutung, ob sie in Vollzeit, Teilzeit oder geringfügig beschäftigt sind.

Auch ob das Arbeitsverhältnis befristet oder unbefristet ist, spielt keine Rolle.

Die Elternzeit ist allerdings eine unbezahlte Auszeit, der Arbeitgeber ist während dieser Zeit nicht zur Lohnzahlung verpflichtet. Um die finanziellen Folgen abzufedern, wurde vom Staat das Elterngeld eingeführt. Genaueres über das Elterngeld, wie du es beantragst und wie lange du es bekommen kannst, erfährst du im nächsten Kapitel.

In den ersten 3 Lebensjahren hast du einen gesetzlichen Anspruch auf Elternzeit, der vom Arbeitgeber nicht abgelehnt werden darf. Es besteht allerdings auch die Möglichkeit, die Elternzeit aufzusplitten: Bis zu 24 Monate können auch zwischen dem 4. und 8. Lebensjahr des Kindes genommen werden. Der Arbeitnehmer kann seine Zustimmung dafür nur verweigern, wenn betriebliche Abläufe durch dein Fehlen erheblich gestört würden. Während der Elternzeit besteht grundsätzlich Kündigungsschutz.

Die Elternzeit muss beim Arbeitgeber rechtzeitig beantragt werden. Dabei gibt es verschiedene Fristen zu beachten: Der Antrag muss mindestens 7 Wochen vor Antritt der Elternzeit eingereicht werden. Möchtest du direkt mit der Geburt deines Kindes in Elternzeit gehen, dann solltest du den Antrag unbedingt rechtzeitig einreichen. Wird die Frist versäumt, verschiebt sich der Beginn der Elternzeit entsprechend nach hinten. Wird die Elternzeit zwischen dem 3. und 8. Geburtstag angetreten, dann muss der Antrag bereits 13 Wochen vor Beginn gestellt werden. Der Antrag erfolgt schriftlich und formlos. Folgende Punkte sollten unbedingt enthalten sein:

- Der geplante Beginn der Elternzeit
- Das geplante Ende der Elternzeit
- Etwaige Zeiträume für das Splitting der Elternzeit

Im Internet gibt es verschiedene Vordrucke für Elternzeit-Anträge. Du solltest dir den Eingang des Antrags von deinem Arbeitgeber schriftlich bestätigen lassen, damit du einen Beleg für die rechtzeitige Antragsstellung hast. Auch eventuelle Sonderregelungen, die ihr miteinander vereinbart, sollten dabei festgehalten werden.

Es wird vom Gesetzgeber erlaubt, dass du auch in der Elternzeit zumindest in Teilzeit weiterarbeiten kannst – bis zu 30 Stunden pro Woche. Dabei zählt nicht die wöchentliche Stundenzahl, sondern die durchschnittliche Arbeitszeit pro Monat. Es ist auch erlaubt, in dieser Zeit Teilzeit für einen anderen Arbeitgeber zu arbeiten. Allerdings solltest du beachten, dass dein Verdienst auf das Elterngeld angerechnet wird. Ihr solltet euch also vorher als Paar ausrechnen, ob es finanziell Sinn macht, in der Elternzeit weiter zu arbeiten.

Nach Beendigung der Elternzeit läuft dein Arbeitsvertrag ohne Veränderungen weiter, auch die Arbeitsbedingungen bleiben die gleichen wie vor der Auszeit. Wird während der Elternzeit ein weiteres Kind geboren, so verlängert sich der Anspruch automatisch um 36 Monate. Denn für jedes einzelne Kind besteht ein Anrecht auf 3 Jahre Elternzeit. Solange die Finanzen es erlauben und du es wünschst, kannst du deine Kinder auf diese Weise ein gutes Stück und sehr intensiv durch ihre Kindheit begleiten.

Elterngeld und Elterngeld Plus

Wer sich Elternzeit nimmt, um sich mehr um sein neugeborenes Kind zu kümmern, muss mit finanziellen Einbußen rechnen. Denn die monatliche Lohntüte bleibt während dieser Zeit aus. Um es Eltern trotzdem zu ermöglichen, ihre Kinder selbst zu betreuen, wurde das sogenannte Elterngeld eingeführt. Elterngeld wird für einen Zeitraum von 14 Monaten an die Eltern gezahlt. Es ist nicht abhängig von einem Arbeitsplatz, es wird außer an Arbeitnehmer und Beamte auch an nicht erwerbstätige Elternteile, Studierende oder Auszubildende gezahlt. Voraussetzung zum Erhalt des Elterngeldes ist, dass der Empfänger in Deutschland wohnt, nicht mehr als 30 Stunden pro Woche arbeitet, mit den Kindern in einem Haushalt lebt und sie auch selbst betreut.

Die Höhe des Elterngeldes ist abhängig vom Nettoeinkommen des jeweiligen Elternteiles in den letzten 12 Monaten vor der Geburt des Kindes. Der Mindestbetrag liegt bei 300,- €, den erhalten all diejenigen, die vorher keiner Erwerbstätigkeit nachgegangen sind oder nur geringfügig verdient haben. Der Elterngeldsatz ist von einem Höchstsatz von 100 % des vorigen Nettogehaltes für Gering verdienende abgestuft bis auf einen Mindestsatz von 65 %. Der Höchstbetrag liegt bei 1800,-€. Im Grundsatz gilt hier: Je mehr du vorher verdient hast, desto mehr Elterngeld kannst du erhalten.

Für Haushalte mit geringem Einkommen ist es wichtig, zu wissen, dass das Elterngeld zur Berechnung von Sozialhilfe, Arbeitslosengeld II und Kinderzuschlag vollständig als Einkommen angerechnet wird. Dadurch haben Empfänger von ALG II keinen finanziellen Vorteil durch den Bezug von Elterngeld.

Das Elterngeld kann erst nach der Geburt des Kindes beantragt werden, sollte aber innerhalb von 3 Monaten erfolgen, da sonst etwaige rückwirkende Ansprüche verfallen. Der Antrag wird bei der Elterngeldstelle des Jugendamtes, das für deinen Wohnort zuständig ist, gestellt. Die Antragsprozedur ist recht aufwendig und erfordert das Vorlegen vieler Unterlagen. Das braucht Zeit und die ist nach der Geburt eines Babys Mangelware. Deshalb ist es zu empfehlen, bereits vor der Geburt alles vorzubereiten. Am besten den Antrag vollständig ausfüllen und unterschreiben und die nötigen Unterlagen wie Personalausweiskopie und Einkommensnachweise beifügen. Auch die Arbeitgeberbescheinigung über die Elternzeit und die Belege über den Erhalt von Mutterschaftsgeld nicht vergessen. Dann brauchst du nach der Geburt nur noch das Geburtsdatum einzutragen und die Geburtsurkunde hinzuzufügen, um den somit vollständigen Antrag einzureichen. Die Bearbeitung kann allerdings einige Wochen dauern und verzögert sich zusätzlich, wenn Unterlagen fehlen oder der Antrag fehlerhaft ist. Wichtig ist auch zu beachten, dass die Verwaltung des Elterngeldes Sache der einzelnen Länder ist. Daher gibt es je nach Bundesland unterschiedliche Antragsformulare.

Basiselterngeld oder Elterngeld Plus?

Das oben beschriebene Basiselterngeld gibt es für maximal 14 Monate. Die Eltern können die Monate, in der sie Elterngeld beziehen, untereinander aufteilen. In der vielfach gewählten Variante, auch 12+2 genannt, wird der Zeitraum so aufgesplittet, dass die Mutter für 12 Monate Elterngeld bezieht und der Vater noch 2 Monate dranhängt, um sich um das Kind zu kümmern. Um die Inanspruchnahme der Elternzeit von Vätern zu erhöhen und eine größere Flexibilität zu gewährleisten, wurde 2015 das Elterngeld Plus eingeführt. Vereinfacht bedeutet das Elterngeld Plus, dass der Zeitraum für den Bezug verdoppelt wird, bei gleichzeitiger Halbierung des monatlichen Betrags. Damit lohnt sich das Elterngeld Plus vor allem für Eltern, die weiter Teilzeit arbeiten gehen möchten, da sie sich damit finanziell besserstellen. Denn auf das Basiselterngeld wird jeglicher Verdienst voll angerechnet, beim Elterngeld Plus dagegen nur teilweise. Basiselterngeld und Elterngeld plus lassen sich miteinander kombinieren. Um die günstigste Variante zu kalkulieren, bieten verschiedene Webseiten Elterngeldrechner an. Hier können die unterschiedlichsten Szenarien durchgespielt werden.

Zusätzlich zu Elterngeld Plus wurde auch ein sogenannter Partnerschaftsbonus eingeführt. Der Bezug von Elterngeld Plus kann um maximal vier Monate pro Elternteil verlängert werden, wenn sich die Eltern in dieser Zeit die Erziehungs- und Erwerbsarbeit teilen, das heißt: Beide arbeiten dann in Teilzeit für jeweils 25 bis 30 Stunden. Durch diese Regelung kann der Bezug von Elterngeld Plus auf bis zu 36 Monate ausgedehnt werden.

Aufgrund dieser Bestimmungen nehmen heute deutlich mehr Väter als früher Elternzeit in Anspruch. Der Anteil der Väter in Elternzeit hat sich von 2009 bis 2018 verdoppelt. Allerdings bleibt für viele Neu-Papas eine Auszeit für das Baby auch heutzutage ein Wunschtraum. Die Furcht vor beruflichen und finanziellen Folgen lässt leider viele Väter immer noch vor diesem Schritt zurückschrecken.

Nachwort – ein Plädoyer für Kinder

Warum sollte ein halbwegs vernünftiger Mensch heute noch Kinder in die Welt setzen? Argumente die dagegensprechen gibt es wie Sand am Meer: Finanzielle Einbußen und verlorene Freiheiten, durchwachte Nächte und vollgekackte Windeln, dazu eine unsichere Zukunft durch Klimawandel und Umweltverschmutzung. Von einer zunehmend prekären Arbeitswelt und anderen gesellschaftlichen Problemen, wie Überbevölkerung und Terrorattacken oder Pandemien gar nicht zu sprechen. Kein Wunder, dass sich heutzutage viele Paare das Kinderkriegen nicht zutrauen. Auch ist ein Haus voller Kinder schon lange kein Statussymbol mehr, sondern gibt eher Anlass zu besorgtem Stirnrunzeln. Kinder passen eben nicht in eine Welt, die ganz auf Karriere und Selbstverwirklichung ausgerichtet ist. In Deutschland zeigt sich das deutlich, die Geburtenrate liegt im unteren Drittel des EU-Durchschnitts, auch wenn sie sich in den letzten Jahren wieder etwas erholt hat.

Trotz aller tatsächlichen und gefühlten Widrigkeiten wagen aber immer noch unzählige Paare den großen Schritt in die Elternschaft - 2019 wurden hierzulande fast 900 000 Babys geboren. Der Wunsch, ein eigenes Kind zu haben, ist offensichtlich in vielen Fällen stärker als alle Angst. Es muss also eine starke, unsichtbare Kraft vorhanden sein, die Männer und Frauen dazu bringt, ihrer gegenseitigen Liebe durch die Zeugung eines Kindes Ausdruck zu verleihen. Tatsächlich ist es nämlich so, dass ein Kind das Leben viel reicher machen kann, als es ein noch so üppig gefülltes Bankkonto vermag.

Einige der Dinge, die du durch dein Kind erfährst, sind nur für jemanden begreifbar, der selbst Kinder hat. Dazu gehört zum Beispiel das Wunder der Geburt, das überwältigende Gefühl, das kleine Lebewesen zum ersten Mal im Arm zu halten oder auch die vorbehaltlose Liebe, die du von deinem Kind erhältst und die du ihm schenken kannst. Kurz gesagt, Kinder zeigen uns, wie sehr wir lieben können.

Durch deine Rolle als Vater bekommst du völlig neue Einblicke in das Leben als Ganzes: Wie im Märchen von Einem der auszog, das Fürchten zu lernen, kommt mit der Liebe zu deinem Kind auch gleichzeitig eine Angst, die du vorher noch nicht kanntest, die dich aber von nun an immer begleiten wird: Die Furcht, dass es krank werden oder dass ihm etwas zustoßen könnte. Auch andere Eigenschaften, die du als Vater fast zwangsläufig lernst, lassen dich als Person reifen. Dazu gehören beispielsweise Selbstdisziplin, Verantwortungsbewusstsein und Verletzlichkeit. Neben solchen sehr ernsthaften Dingen machen Kinder außerdem glücklich und bringen Spaß und Leben in die Bude. Du kannst nach Herzenslust spielen und toben und selber wieder so richtig Kind sein. Das hält fit, jung und gesund.

Der Selbstrespekt, der durch das Bewusstsein entsteht, ein guter Vater zu sein, schlägt jedes Erfolgserlebnis im Beruf. Darüber hinaus bekommst du die Gewissheit, etwas geschaffen zu haben, dass über dich hinaus Bestand hat, quasi dein positiver Beitrag zur Weltgeschichte. Unzählige Väter verwirklichen sich dadurch mehr als durch den Besitz leblosen Materials wie zum Beispiel ein tolles Haus oder ein schickes Auto. **Die Entscheidung für Kinder bedeutet eine positive und hoffnungsfrohe Einstellung zum Leben und gleichzeitig ein deutliches „Ja" zur Liebe – zu deinem Kind und auch zu deiner Partnerin. Nur Mut und mache dich auf ins richtige Leben.**

Copyright -©- 2020 – Autor
Alle Rechte vorbehalten

Die Rechte des hier verwendeten Textmaterials liegen ausdrücklich beim Verfasser. Eine Verbreitung oder Verwendung des Materials ist untersagt und bedarf in Ausnahmefällen der eindeutigen Zustimmung des Verfassers.

Haftung für externe Links

Das Buch enthält Links zu externen Webseiten Dritter, auf deren Inhalte wir keinen Einfluss haben. Deshalb können wir für diese fremden Inhalte auch keine Gewähr übernehmen. Für die Inhalte der verlinkten Seiten ist stets der jeweilige Anbieter oder Betreiber der Seiten verantwortlich. Die verlinkten Seiten wurden zum Zeitpunkt der Verlinkung auf mögliche Rechtsverstöße überprüft. Rechtswidrige Inhalte waren zum Zeitpunkt der Verlinkung nicht erkennbar. Eine permanente inhaltliche Kontrolle der verlinkten Seiten ist jedoch ohne konkrete Anhaltspunkte einer Rechtsverletzung nicht zumutbar. Bei Bekanntwerden von Rechtsverletzungen werden wir derartige Links umgehend entfernen.

Impressum

David Hofer wird vertreten durch:

Joel Ureña
Avenida Fernando Abril Martorell 22/24, esc. 4 2B
E-46026 Valencia

Copyright © 2020 Autor
Alle Rechte vorbehalten.

ISBN: 978-9-403-61412-0